谈判从说“不”开始

“不不”为营，从优势到强势的谈判

〔美〕吉姆·坎普 (Jim Camp)　著
任月园　译

廣東省出版集團
广东经济出版社

图书在版编目 (CIP) 数据

谈判从说“不”开始 / 〔美〕吉姆·坎普著；任月园译 —广州：广东经济出版社，2010.1
ISBN 978-7-5454-0389-3

I. 谈… II. ①坎…②任… III. ①谈判学 IV. ① C912.3

中国版本图书馆 CIP 数据核字 (2010) 第 003927 号

版权登记号 图字：19-2009-052 号

出版发行	广东经济出版社（广州市环市东路水荫路 11 号 11/12 楼）
经销	广东新华发行集团
印刷	深圳市美嘉美印刷有限公司（深圳市罗湖区笋岗桃园路 7 号二楼）
开本	787 毫米 ×1092 毫米 1/16
印张	13 印张
字数	187 千字
版次	2010 年 3 月第 1 版
印次	2010 年 3 月第 1 次
书号	ISBN 978-7-5454-0389-3
定价	28.00 元

如发现印装质量有问题，影响阅读，请与承印厂联系调换。
发行部地址：广州市水荫路 11 号 11 楼
电话：(020)83780718 83790316 邮政编码：510075
邮购地址：广州市水荫路 11 号 11 楼直销部
电话：(020)37601950 37601509 邮政编码：510075
图书网站：**http://www.gebook.com**
广东经济出版社常年法律顾问：屠朝锋律师、刘红丽律师

To The Great People of China!

I hope my book will deliver to you ideas and methods in dealing with others that will build long lasting relationships and create wealth and opportunity in the years ahead!

All The Very Best To
You and Your Family

Jim Camp

亲爱的中国朋友:

希望本书中的谈判方法能帮助你与他人保持良好的合作关系，并且在新的一年里给你带来财富和商机。

祝你和你的家人一切顺利!

吉姆·坎普

NO

献给我最亲爱的孩子们，

吉姆、辛西娅、斯科特、梅雷迪斯、托德、布赖恩和克里斯蒂，你们是我最珍贵的财富。

专家推荐

刘贤方 (Scott X Liu)
资深谈判专家
纽约理工大学商学院院长

谈判新视角

吉姆·坎普是国际级的谈判大师。他以丰富的阅历和严谨的逻辑思维，写出了《谈判从说“不”开始》，为我们展示了在商业谈判、求职面试、与老板谈加薪晋级、购车买房屋等各种谈判场合下的应对之策。

我有过多次这样的体验——或许大家也有，那就是虽然讨价还价后达成了某项协议，可事后却懊恼自己在谈判中没有很好地发挥，让自己的利益最大化。其实这也并不奇怪，在谈判时，我们都想实现自己的目标，却又都担心自己会失败，因而无法实现目标。谈判中的双方永远存在着信息不对称，我们无法清楚知道对方的备选方案、动机和判断。同样，对方也并不完全了解我们的信息。所以谈判中也就存在着不可确定性，也许我们会做出太多的让步，也许我们向对方递送了错误的讯号，也许我们没能从谈判中获取最大的好处。

我从书中得到的最大启示，来自于吉姆·坎普引用《牛津英语大词典》中对于“谈判”的定义：谈判——双方或多方试图达成一致的行为，其中，各方都有否决权。我忽然意识到，对方其实和我一样处于相同的境地。在谈判中，对方也有对失败的担心——若无此顾忌就没有坐到谈判桌前的必要——对方也在观摩我，试图解读我的意图。由此，我想到新中国早年乒乓球名将徐寅生的感悟。他初次参加国际比赛时心里极为紧张，可突然又想到："我为对方是外国人而紧张，可对方看我不也是外国人？"如此一想，他就豁然轻松了。

在互不了解、互相猜测的情况下，坎普告诉我们，我们要勇于并善于向对方说"不"，以此来掩饰、抑制自己的渴望，拿对方的担心做文章，向对方传递信息。而且，我们不要怕对方说"不"，因为对方也可能想借此达到自己的目的……书中的很多分析，提出的有效谈判策略，都是建立在作者对人性的透彻了解的基础上的。

今天，随着全球化发展和中国经济的崛起，我们中国人与西方人的交往越来越多，这其中就包括要在很多谈判环境下和对方打交道。那么，吉姆·坎普的这本书就对中国的读者有很大的启发意义。因为书中集中反映了欧美人的文化思维和谈判方式。例如，中国文化中所体现的谈判策略往往是双赢、共赢，是我中有你、你中有我。而在坎普的谈判学中，这一点却几乎成了大忌。

中国在加入 WTO 的谈判过程中也有一个小插曲。1999 年朱镕基总理率领中国代表团访问美国，那也是中国加入 WTO 谈判的关键时刻，中国本来准备在谈判桌上作出最大让步。朱总理直截了当，除了那些无法让步的，几乎答应了对方的所有条件。我们本以为这样就能顺利达成协议，没想到美国人毫不领情，提出了更为苛刻的条件。在双方无法达成协议后，中国代表团离开了华盛顿去加拿大访问。此时，美国人却开始后悔了。在去往加拿大的途中，朱总理接到了克林顿总统亲自打来的电话，请中国代表团回来继续谈，对中方的立场也开始软化。而朱总理当时回答说，还是到北京再谈吧。

其实，如果对美国文化更加了解，此次谈判应该会更顺利些。中国人与中国人谈判，如果一方作出很大的让步，就会营造出一个良好的气氛，另一方也会善意回报，也就很容易取得突破性的进展。然而，如果我们是在和美国人打交道，进行的就是一场跨文化谈判，他们的文化特征应该是 Given and Taken（较量、有进有退、锱铢必计）——而这种谈判策略在坎普的书中也得到了淋漓尽致地体现。

总而言之，《谈判从说“不”开始》是一本值得推荐的好书。它不仅是职业谈判者的必读书，也会给其它各行各业的人员以启示。在中美交往日益频繁的今天，这本书有助于我们更好地了解美国文化，增加我们在政治、经济、商业、军事谈判桌上与他们谈判的筹码。

权威推荐

成功从每一次谈判开始。《谈判从说“不”开始》用风趣幽默的笔调、生动的案例教你如何从容应对身边的每一次谈判，非常实用。

赵　民

著名管理学者、正略钧策董事长、新华信董事长

吉姆·坎普独创的说“不”策略，是对传统谈判理念的革新与颠覆。《谈判从说不开始》深入浅出地讲述了如何用拒绝来取得成交，这种逆向思维的神奇方式会让每一个读者受益。

《21 世纪经济报道》

中国企业所信奉的传统商量式谈判已经趋于落后，吉姆·坎普的说“不”策略可以帮助谈判企业双方打开一种新的局面。这种开创式的思维是每一个企业家都值得借鉴的。

《财智领袖》

在这本具体实用、叙述透彻的谈判指南中，谈判专家吉姆·坎普告诉读者应如何在谈判中避免过度情绪化，从而成功达成更多的交易。这本谈判指南适用于各类交易场合，如商务谈判、工作面试、家庭冲突、销售等。

——《出版商周刊》

《谈判从说“不”开始》太实用了！你不仅是要读它，而且还要深入地研究它。让它成为你的谈判指南吧，你将会事半功倍！拥有这本书你将拥有与众不同的精彩的人生！

——鲍勃·伯克

得克萨斯太平洋集团董事长

丢掉那些所谓“专家”的陈腐无用的论调吧，你将会从吉姆·坎普充满智慧又实用的谈判技巧中受益无穷！

——T.J. 罗杰斯

赛普拉斯半导体公司董事长兼总裁

吉姆·坎普的战略通俗易懂且极具启发性，它已成为我日常商务活动与个人生活中不可或缺的一部分。

——特蕾莎 L. 亚当斯

原理合伙股份有限公司董事长兼总裁

《谈判从说“不”开始》的案例妙趣横生，极具意义，这是一本可以和家人、朋友、同事一起分享的书。

——弗兰克·雅各布斯

雅各布斯公司总裁

《谈判从说“不”开始》用系统的方法教你从细节着手，让你学会控制自己，书中的大量案例将让你受益无穷。

——罗莉·基娜

美国知名销售总监

为了所谓的“双赢”，太多人在谈判中损失了巨额资金。读了《谈判从说“不”开始》，这种事情将不再重演。即使是在谈判陷入僵局时，运用本书的方法你仍可取得胜利。

——霍华德·马斯里奇

专业培训集团总裁

《谈判从说“不”开始》是一本值得一读的谈判指南。通过各式各样的案例，吉姆·坎普教你认识人性，赢得谈判。吉姆·坎普真是当之无愧的美国最顶尖谈判大师！

——里克·戈贝尔

杜朗科特公司总裁

吉姆·坎普生动地描述了实际中各种谈判场景，你会发现书中说的全部都和你有关。相信我，这本书会让你掌握全新的谈判技巧！

——斯科特·沃纳

Mgr. Spectralogic 公司销售总监

无论是和咨询贷款的资深经理人交涉，还是说服我十几岁的孩子，我都可以利用《谈判从说“不”开始》，书中的谈判原则对生活的方方面面都能起到立竿见影的作用。

——布雷恩

费尔威担保公司顾问

我非常爱《谈判从说“不”开始》这本书，并将它推荐给朋友，朋友们也爱不释手。该书属于胜利者，它的教育意义具有普遍性。

——加里·格雷厄

伊利诺伊州奥法伦市市长

如果你的客户一再向你施压要求降价，那么读一读《谈判从说不开始》，你将学会应对的方法。天晓得学习吉姆·坎普的谈判策略前我作了多少错误的决定！

——劳伦斯·奇默林

拉德诺国际咨询有限公司董事长

我一直都以为谈判中听到“不”字就意味着谈判失败，然而吉姆·坎普证明了“不”是谈判的开始，“不”可以推动谈判。《谈判从说“不”开始》是每个人的必读宝典。

——克里斯廷·伦德

领导力培训集团副总裁

你应该把《谈判从说“不”开始》送给所有你关心的人，这本书提供了一系列开创性的、可操作的方法帮助人们在谈判中正确思维与行动，让人们掌控自己。

——休·伍德沃德

财经访谈节目主持人

我运用了《谈判从说“不”开始》中的方法，确实奏效。我获得了从未有过的信心，在谈判中，我是冷静的，自制力好得令人难以置信。

——菲利普·宾厄姆

圣·约瑟夫医院知名医师

我们经常遇到客户要求降价的情况，《谈判从说“不”开始》的方法让我们学会了如何向对方的无理要求说“不”。

——迈克·迈克菲

美国某大型企业全球销售总监

从来没有任何一本书像《谈判从说“不”开始》一样给我这么大的帮助，这本书有全新的谈判理念，掌握了书中的方法，就能掌控谈判。

——拉里·奥·凯弗

克里斯特尔雷克公司资深成员

吉姆·坎普是我20年来的谈判教练，当我读他的《谈判从说“不”开始》时，我仍然为书中的谈判方法深深折服。学习了这本书的人，都将受益匪浅。

——尼基·马拉特斯·赫曼

吉姆·坎普的学员

NO

作者介绍

谈判奇人吉姆·坎普

吉姆·坎普（Jim Camp，即 James R.Camp），畅销书《从“不”说起》（*Start With No*）作者，Camp Negotiation Systems 公司的创始人、董事长、CEO，他还是 Coach2100 公司总裁，坎普谈判系统发明人。从 1987 年，全世界超过 500 家的跨国企业运用坎普的谈判方法，在总交易额高达 1 000 亿美元的谈判中赢得胜利。

吉姆·坎普一直活跃于美国各大媒体，包括 CNN，CNBC 等许多主流知名电台以及多家杂志报纸如《华尔街日报》、《财富》、《哈佛商业评论》、《快公司》、《基督教科学箴言报》、《旧金山纪事报》、《哥伦布电讯报》和《圣何塞水星报》等都曾对坎普和他的谈判方法进行专题报道。

20 年来，坎普一直都是商业谈判领域的杀手锏——他得签非常严格的保密协议。坎普的客户们会告诉你一般他都喜欢藏在暗处告诉这些客户下一步的谈判策略是什么。他的“逆向思维式谈判”是第一个既不建立在“折中”也不建立在“假设”基础上的理论体系。很多的世界 500 强公司都在通过网站（www.Coach2100.com）使用他独一无二的谈判秘诀和项目管理体系。

坎普的谈判技巧是一套集谈判培训、全程指导、互动谈判模拟和参考阅读于一体的完整体系。

在一个团队成员紧密互动的氛围中，受训者将通过Coach2100公司提供的独一无二的培训掌握谈判技巧。

年轻时的坎普是一名空军飞行员，曾服役7年。他从俄亥俄大学毕业，获得了教育学、生物科学、生理健康学位。

坎普和他的妻子帕蒂在得克萨斯州、维罗海滩、佛罗里达州、俄亥俄州均有住所。他们有5个子女和6个儿孙。

目录

前　言

最棒的词是"Yes"还是"No"

英文中，最棒的词是"Yes"！说出来，能让人高兴，因为满足了人们的请求，搞定了业务，达成了交易。人人心花怒放，举杯庆贺。与之相反的，最糟糕的词莫过于"No"！它指出人们的错误，意味着拒绝和对抗，扼杀进展中的交易。它是个杀手。

生活在这个以妥协和臆断为基础的世界上，有不少人都会认同上面的观点。事实上，这种想法非常错误。在谈判中，**"Yes"是最糟糕的字眼**。它暴露了你害怕失败、害怕失去交易的心理；它迫使你取悦对方、急不可耐、过早妥协，并经常为成交而成交，甚至不划算也成交！事实上，"No"才是最棒的词，才是谈判中的杀手锏，它将释放你的压力并保护你。

长期合作的老主顾突然打电话给你："我很遗憾地通知你，我们决定换家配件供应商。你们公司的服务态度太差劲了。而且你们的3家竞争对手一直都想和我们合作，我们决定挑选其中一家作为新的供应商。"你该如何应对？

比尔是中西配件公司一名成功的销售代表，他负责处理大客户杜蒙特公司的业务。7年来，杜蒙特一直是他们的老主顾，而且似乎还会继续合作下去。中西配件公司制造的配件确实品质优秀，价格也公道。尽管如此，仍有大量其他公司的推销电话打到杜蒙特公司，对比尔所在的公司业务形成了潜在的威胁。突然有一天，杜蒙特的新任采购代理史蒂夫出其不意地告诉比尔："我很遗憾地通知你，我们决定换家配件供应商。你们公司的服务态度太差劲了。而且你们的3家竞争对手一直都想和我们合作，我们决定挑选其中一家作为新的供应商。"

跟其他销售员一样，比尔立即猜想杜蒙特和史蒂夫实际上想要价格折扣，他相信（臆断）自己唯一的救命稻草就是马上屈服并让步——降价保住生意！比尔迅速计算着数字：多低的折扣可以确保杜蒙特签约并保住自己的饭碗？他几乎是出于本能地问史蒂夫什么样的价位才能接受。嘻，这么容易就搞定了！史蒂夫不得不极力按捺住胜利的喜悦。他已把比尔弄进了圈套，回答说："好吧，比尔，我很欣赏你的这番诚意，但不管什么样的价位，我都不确定你能保住生意。不过如果单价能便宜14美分，我和委员会将乐意替你向公司争取一下。"

丢掉杜蒙特的生意?！那岂不等于要卖掉房子重新拿着简历去找工作？心乱如麻不足以形容比尔此时此刻的心境。他情绪失控，心脏狂跳，好在还能集中精神要求稍后再谈。史蒂夫同意了。于是他给销售主管苏珊打电话。杜蒙特公司翻脸了，保住生意的唯一途径就是大打折扣，单个配件降价14美分，否则杜蒙特就换供应商！

现在，苏珊也陷入了混乱，比尔败阵就是自己败阵。比尔轻信了史蒂夫说的一切，苏珊则轻信了比尔说的一切。"比尔，你觉得便宜12美分他们愿意吗？"两人都认为14美分是史蒂夫的最高期望值，他会接受再低一点儿的折扣。两人都不知道杜蒙特公司在耍什么花招。他们只知道：要想双赢，就得"你求我应"，从而成交。

我把这称为“以妥协和恐惧为基础”的谈判。杜蒙特公司的史蒂夫就是抓住了比尔和苏珊害怕失败和丢单的心理。他还利用了他们说“是”的本能和对说“不”的恐惧。这是销售谈判中的常用伎俩，但每天还是有不少人上当。然而，如果用上我教授和推广的说“不”谈判策略，至少可以在谈判中维持现状。如果史蒂夫想每个配件便宜 14 美分，比尔说“不”就可挽回颓势。然后，他可以根据实际情况决定是全部降价、部分降价还是保持原价，而不是马上被担心失业和职场受挫的情绪攫住。

说“是”的冲动绝对会毁了你！说“不”却可以帮你释放谈判压力，让你倍感轻松，并为你罩上一层保护衣，从而帮你安全地朝着有利的方向前进。

要想明白原因，让我们简要回顾一下比尔的故事。如果比尔说“不”，史蒂夫 14 美分的降价炸弹就丝毫轰不倒他，因为他很理性而非冲动。比尔仔细想想本公司的使命和目标，知道管理层绝不会因为对方要求降价就作出重大让步。看看自己产品的质量，比尔就应该明白史蒂夫的要求有点过分。

比尔会问史蒂夫几个问题，提醒他换了供应商后对杜蒙特公司有何影响。“史蒂夫，请问我们哪儿做得不够好？使用我们的配件，你们产品的故障率是多少？如果换了没用过的新配件，贵公司要冒多大风险？”比尔会问得很有策略，答案也在预期中。当然，他对真实情况必须早有把握：比如本公司配件的故障率，杜蒙特公司愿冒多大风险以及竞争对手产品的质量和价格等。

总而言之，对突如其来的大降价要求，比尔说“不”就能坚定立场，也能给随后的交涉留下回旋余地。许多人怕这样说会让史蒂夫拂袖而去，相信我吧，他不会！中西配件公司绝不会无缘无故连续 7 年荣任杜蒙特的供应商！最后，他们可能会便宜一点儿，也可能丝毫不降。这都要看实际情况，而不是凭臆断和冲动。还要看史蒂夫是否认识到更换供应商对杜蒙特到底意味着什么。很可能，他明白之后，价格会不降反升。这种情形我见得多了。

毫无疑问，“不”的策略会引导比尔，一路保护他，这对你同样有效。

每天,你在生活和工作中会达成许多“协议”,这意味着你总是在“谈判”。跟其他事一样，这些大大小小的协议会对你的人生产生巨大的影响。真的，它们推动着你的人生。对每个人来说都是如此，可是，又有几个人是清醒地参与这些谈判的呢？没几个！我们经常随随便便或漫不经心，有时甚至不知道自己是在谈判，更不用说做准备了，可待发现时已为时太晚！许多人不经大脑思考或不计后果便匆忙作出决定或达成协议，结果后悔不迭。“刚才是怎么了？我现在该怎么办？” 可以说，没有哪个人不曾因谈判形势急转直下而被狠狠打击的。

再拿我的好朋友拉尔夫做个例子。

> 他是一名开发商，把全副家当投进了加利福尼亚州的一个项目中。当地人极其重视自然资源保护，结果，拉尔夫发现有个难缠的地方委员会跟自己处处作对，令他一筹莫展。有一天，他坐在我家后阳台上一边欣赏落日余晖，一边啜饮鸡尾酒，向我大倒苦水：那帮人想把他轰走，让他干不了。
>
> “拉尔夫，他们想干什么？”
>
> “跟我过不去，把我轰出那里。”
>
> “别开玩笑，认真点，他们想要什么？”
>
> “吉姆，你什么意思？”
>
> “这要靠双方去谈。他们想得到什么？背后肯定有驱动因素。”
>
> 拉尔夫思索着，他根本不知道对方有什么动机。坐在那儿，他开始大胆地猜想。几分钟后，我打断他，进屋里拿出一张纸。我们开始当场做分析。拉尔夫的长期开发目标、任务及责任是什么？面临哪些要克服的难题？当地人希望从中得到什么？有怎样的环保要求？拉尔夫只知道自己想要的谈判结果，不知道那个地方委员会想要什么。情况稍微复杂一点，他就束手无策了。他没有清晰的思路去指导工作，也没有切实的计划来支持和推进自己做决断。实际上,他没想过谈判就是去做一系列决断。相反，他忧心忡忡，被戴上了假想、臆测的枷锁。他用来预测

的水晶球黯淡无光，这比没有水晶球更糟糕。于是，他陷入了麻烦，并憎恨与这个委员会谈判。

一旦拉尔夫意识到他可以在谈判中作决定，并用说"不"来保护自己，他就可以有自信并且有技巧地去面对这个委员会了。最终，他完成了房地产开发项目，并且各方都皆大欢喜。

我写这本书，目的只有一个：教给你我20年前传授给拉尔夫，今天依旧在传授给学员的谈判技巧。说到底，谈判就是谈判，它可以是：

- 谈一笔数百万美元的事关企业生死存亡的生意。
- 向老板提交一份职业发展规划。
- 争取被向往已久的大学录取。
- 解决跟游泳池承建商或房主的纠纷。
- 让孩子心甘情愿地上床睡觉。
- 得到暑期实习机会或敲定第一份工作。
- 在家长会上有所收获。

使用我的办法，则一切可谈。你不再只是希望和祈求，害怕和畏缩。你会始终清楚自己的处境以及下一步该怎么办。不再胡乱猜测，白白退让；不再白费口舌，给予不必要的回答和承诺，而后马上后悔。你会明白：**所有需要与人谈判的冲突和问题，都能通过事前的周密计划和对策来解决。**

生意和日常生活中的混乱不一定有章可循，但总会有更好的处理办法，而且也不像航天科学那么难懂。我的说"不"策略就包含全套明晰的原则和方法，让你一步一个脚印，学以致用，步步为营。这套谈判策略对父母、孩子、教师、企业家、首席执行官、房地产经纪人、银行家、谈判专员、政客乃至外交官统统适用。

我想让你换种眼光看谈判，不再把它看作麻烦或梦魇，而把它看成你乐意去征服的挑战。说"不"，你更能掌控谈判结果。不再自责、追悔：

“刚才我是怎么了？现在该怎么办？”这样的经历不会重演了。现在你已在安全岛上着陆，再也不必担心。

要想明白说“不”的威力，先要知道：**“不”字一出口，就可以横扫今日谈判界盛行的妥协和臆断之风**。如果你不太敢说——毕竟，谁不想当个说“是”的人呢——那就继续阅读本书。说“不”并不是与人针锋相对，而是打开全新的谈判局面，让你在工作和生活中更有判断力、更理智、更实际。

如果你总是步步退让或胡乱猜测，那就会被许多商界人士包括我牵着鼻子走。他们最擅长利用你的妥协心理。我想让你知道，他们会利用一些小伎俩轻松达到目的。杜蒙特公司的史蒂夫就是个例子，本书就是要教你与这些人过招。在各个章节里，我会讲述学员们采用说“不”策略的成功案例。你会对说“不”产生的良好效果一目了然。

为了增添趣味性，我常常拿小孙女莉莉跟她母亲交涉上床睡觉的问题做例子，介绍这套谈判策略和说“不”的原则。三岁的莉莉与母亲僵持了五分钟，最终得以不上床睡觉。莉莉一点都不怕说“不”或听到母亲说“不”，她只是坚持立场。可见，坚持说“不”对谈判成功很重要。

如果你是家长，就知道孩子并不把大人的“不”看作是最终宣判，反而当做软磨硬泡的开端。可是，长大后，我们都条件反射般地害怕这个字。因此，面对听众和学员时，我总是慢慢引出并详细阐明，礼貌地说“不”、平静地听“不”和引导对方说“不”对所有谈判都有益。其实，引导对方说“不”可以打破谈判僵局，使双方真诚沟通；允许对方说“不”，可以缓解情绪紧张和精神压力。假如你是孩子的父母，因为孩子调皮捣蛋、目无尊长而被叫到学校去和老师见面，这种会面难免难堪，甚至还会发生争执。实际上你已跟约翰尼谈过了，制订了管教计划，希望他能学好。现在，你希望得到老师的帮助。说白了，这是一场谈判。你应该开门见山地告诉老师：“我有一个计划，如果你不赞同，可以提意见。”你想让她轻松说出“不”字，建议你先入为主：“琼斯太太，我注意到约翰尼也意识到自己错了。我有个主意可以解决他制造的麻烦。我不知道你怎么看，如果不赞同，尽管告诉我。”这等于说，我现在的看法是……

这种直截了当邀请教师提意见的做法会让他们感觉放松、自在，他们会毫无保留地告诉你实情。你的意思要传达到位，否则就不可能知道约翰尼在学校里到底干了些什么。

如果你是教师，则可以先说：“史密斯先生，我了解约翰尼。他是个好孩子。但他的一些行为有时会造成麻烦。我能问问是怎么回事吗？请你直接告诉我。”这是以更含蓄的方式邀请对方说“不”。不论家长还是教师，说出“不”字都能松一口气。沟通障碍马上烟消云散，双方都能致力于解决问题。

言归正传。假设不久前，由于谈判失误，你的公司签署了一项糟糕的合同。按照条款，每单销售都会亏本，必须挽救局面。我建议你直接给对方公司的老板打电话，坦白地说：“我们上次跟你们谈得太糟，可能你当时就知道了，可我们不知道。现在我们才回过神来。按这种条款我们没法做，亏得太厉害。你看怎么解决？我们什么时候见个面商量商量？”

许多人不愿打这样的电话，还有人连想都不敢想。其实，这样做是你的最佳选择——如实说明情况。“不行，我们没法按上次谈判的方案做，情况就是这样。大家商量商量吧。”你知道吗？对方会很乐意跟你重新谈判。为什么呢？因为若不想让双方合作破裂，这是他们最明智的做法。

我强调说“不”的力量，还为了说明谈判其实是为了作出好的决定。不管谈什么，说“不”都能让你保持理性，从而作出好的决定。把握此原则，与老师见面也好，重谈亏损交易也好，你都有备无患，胸有成竹。

我还想说明：说“不”并不等于针尖对麦芒。相反，它代表公开和坦诚。引导对方说“不”就等于告诉大家：在座的都是成年人，让我们理性沟通，别急着要结果，别害怕失败。说“不”让大家不再要求自己一定最正确、最聪明、最强大、最难对付。说“不”也让你不再寻求安全和保障，讨取他人欢心，从而避免作出错误决定。“不”字向各位传达出这样的信息：不要急于求成，冲动地说“是”。放松点儿！说个“不”字，大家你不瞒我，我也不骗你。

如果你不相信说“不”能化解沟通障碍，释放谈判压力，那就听我的劝告，去亲身体验体验。寻找或创造一个机会，在家里、办公室、学校、教堂等地尝试一下说“不”。别人要你做什么，同意什么或你要别人做什么、同意什么的时候，说句无伤大雅的话，例如，尝试一下“简，我没法做。我的建议是……”或者是：“简，你不同意我的建议可以直说，我不会生气的，真的，这没什么，请直接告诉我吧！”

你马上就能得到结果。礼貌地说“不”不仅不会得罪人，相反，还能让人放松。它让人举止成熟（对于孩子，可以让他表现得像个小大人），为良好决策铺平道路。多年来，我给各种处于不同谈判场合的人做过培训，可还时时感叹“不”的神奇威力。这个你害怕和刻意回避的字，其实能为你的谈判生涯带来决定性的改变。

说“不”策略需要坚定的“使命和目标”。但在说“不”谈判中，“使命和目标”的内涵与我们传统观念中的大不相同，它不是关于你，而是关于对方。

说“不”策略还会让你明白渴望成交的危险性。简单地说，这笔交易并不是非做不可，但渴望达成交易的冲动会让你作出无谓的让步。说“不”能改变你的谈判生涯，让你变得更棒。你会更善于揣摩对方心理（如“史蒂夫，如果换了没用过的新配件，贵公司要冒多大风险？”），更好地把握谈判进程，同时学会提问和倾听。

你是冷静地作出决定还是任由情绪摆布？充满自信还是表现得急于求成？正确地提出问题还是胡乱猜测？专注于可控行为还是盯着不可控的结果？两者之间，你想选哪个？

其实要摘到想要的果实很容易，只要张口说“不”！

在成为职业谈判培训师之前，我是一名飞行员，先开军用飞机，后开民用飞机。这种经历让我认识到运用系统的方法去控制复杂活动的重要性。否则，你肯定没法驾驶好飞机。你在进出客机时，可能见过驾驶舱。在那里，飞行员是遵照飞行手册来操作、监控和运行系统的。

不久前，克里夫兰的一名律师，同时也是一位自学成才的谈判专家，读了我的第一本书《从“不”说起》，并给他女儿看。他女儿在圣母大学学习，很喜欢这本书，便报名上了我的培训班。学习期间，我们的一位讲师传授给她理论，培训她，并让她最后通过谈判获得了在白宫实习的机会。对此我毫不惊奇。

谈判是一个复杂的系统工程，一环扣一环。时时检查会让一切可控，让谈判者占据优势，放松心情。我会在全书中系统地讲述这些环节，也会教你如何在谈判中使用这些方法。在最后一章，我介绍了简易的“检查单”和“日志”，全球的学员都使用它们来掌控谈判。

全书的另一特色是安排了“牛刀小试”版块，让你检验书中提到的原则和做法。请你在办公室找个小机会说说“不”，那就是一次试验。还可以进行其他简便、快捷的尝试，不冒任何风险。我想，你也许会碰壁，但你会知道说“不”其实很管用，提某些问题和制订议程也会在谈判过程中发挥作用。

最终，我不仅会扭转你对谈判的看法：少说“是”，多说“不”，还会传授给你获得谈判成功的实用技巧。不管你是学生还是老师，家长还是孩子，房东还是房客，雇员还是老板、债务人还是债权人，买家还是卖家，只要有谈判，这套办法就能派上用场。

NO!

第1章

叫停过山车，我想下来

摆脱情感控制

原本打算卖1万美元的自动收报机，为什么爱迪生竟然能卖10万美元？

坐在轮椅上的哑巴如何成为最成功的推销员？

Controlling the Commotion of Emotion

作决定之前，你心潮起伏，全身被情绪攫住；作决定时，你又试图保持理性。仔细地观察自己和他人，你会发现：人总是从一种情绪状态过渡到另一种情绪状态，最后作出决定。你总是每时每刻都在思来想去，犹豫不决：“我想跳槽。还是跳吧，虽然在这里干得还不错。可是老爸说我不该跳，我可能真的不该跳槽。但我想试试，人人都换过工作。”我们都有这样的经验：“我想买这辆车，我知道不该买。算了，还是买吧。”大事小事，就这样反复思量。有时候，别人能看出你的迟疑；有时候，你藏得很深。可无论如何，内心总是犹豫不决。

作为谈判者，不管是在办公室、家里或其他任何地方，你的首要任务就是摆脱情感控制，作出正确的决定。你必须走出情绪混乱的状态，放心吧，它是不会结出好果实的。许多谈判者都容易被情感控制，甚至深受对方负面情绪的影响。你必须关注双方的情感，看清它们，正确对待。做到了，你就领先了一步，把 99% 的对手甩到身后。然而，要做到不被情感控制的确很难，尤其是在谈判中，大家都被一种情感——渴求——操纵着。

渴求是杀手

为什么老虎、灰熊、北极熊、狼獾等大型动物的眼睛都长在前面，往前看？因为它们是食肉动物，总在寻找猎物。它们不需要往后看或往两边看，只须盯着战利品就能生存。那么，为什么人的眼睛也长在前面，往前看？因为人类也是捕猎者。看孩子在操场上玩耍真是令人心醉，可父母也得时刻警惕，因为虽然大家都是小朋友，也很友爱，但难免有哪个孩子耍横，当大王，欺负弱小。这是人类的本性，有的孩子幼年时期就初露端倪，有的长大后甚至变本加厉。在疗养院干过的人都知道，这种本性会跟随某些人的一生，直至被带进坟墓。（看过那个电视广告吗？两对祖父母没完没了地硬往对方手里塞自己孙儿的照片，想把对方的孙子比下去。画面虽然搞笑，但暴露了许多人性的弱点。）

我们希望“占上风”的本性是先天的，了解这点很重要。不管你是否承认，人都是天生的捕猎者，头号本性就是以强凌弱，以大欺小。换句话说，在谈判中就是要欺负渴望成交、居于劣势的一方。当然，人类也有“我为人人”的利他主义精神，可这在商界和谈判中是稀罕物。商界老手和谈判精英常常嘴上说得比蜜还甜，可一遇到实际情况就完全变样了。

谈判中，你可能会面对一些最敏锐的捕猎者，他们在寻找你紧张渴求的所有蛛丝马迹。用残酷无情来形容这种交锋并不为过，一旦你露出弱态，富有经验的谈判猎手就会猛扑上来。你知道吗，使用电话录音留言时，如果你说得多、说得长，提供信息详细，其实就是将自己置于劣势。为什么呢？你太急切了，暴露出渴求了！回答问题时，每次你说的比问的多，也是渴求在作祟，这会让你身居险境。谈价格时，每次你报价又降价，也是由于渴求。对方没提要求你却主动降价并加上一堆解释则更为糟糕，这显示出你极端渴求。

许多商界谈判老手都善于吊人胃口，让你流露出渴求。他们夸夸其谈，告诉你你一年能赚多少佣金、对职业生涯有何好处等，总之，让你相信有这种好事、内心充满渴求。当你十分向往时，他们就态度大变，抬高门槛，并提出种种要求。为什么不呢？毕竟，现在是他们占上风了！

这些都不是什么深邃见解，全是常识。问题是我们常常忘了渴求是如何破坏整场谈判的。许多在最好的院校受过专业训练的谈判人士从未听过一堂关于“渴求”的课，更不用说如何应对了。日常生活中充满了大大小小的谈判，许多人也不经意间暴露自己的渴求。但你得留心，如果你不小心让自己流露出渴求，就会身居险境，给谈判造成麻烦。

你一定要成交吗

生活在富裕的当今社会中，多数人都不匮乏物质，但有时候，我们愚弄自己，让自己满脑子想的都是“我需要这件皮夹克”，“我需要这辆玛莎拉蒂”，“我需要打这个电话”，“我需要这个机会”，“我需要达成这笔交易”或“我需要见她”。我们把“需要”这个词用得太滥了！

你正在买一栋新房子，你很喜欢它，因此有需求是吗？它完美无缺——地理位置、面积大小、建筑颜色、固定设备、车库、娱乐室等都如你所愿吗？你非买不行吗？你百分之百确定吗？它不是你的家庭，不是你的职业，说到底，它只是个四面或多面有墙、上面有顶，能够遮风挡雨的地方罢了，这样的东西多的是。深入地想，卖家难道不比你更急着成交？控制住你的渴求。如果你看了很多房子，还是决定多花 10 万美元买这栋的话，那就得确信自己没有昏了头，而且知道它物有所值。（很明显，拍卖就是一种能最大限度激发众买家渴求的销售形式。当心啊！）

你离不了生存所需的空气、水、食物、衣服、住所。要想幸福，你还离不开心理和情感所需的爱、家庭、朋友、满意的工作、爱好和信仰等。但是，你不会离不开那件 500 美元的皮夹克或 10 万美元的汽车，因为还有别的皮夹克和汽车可买。你也不会离不开某项工作或协议，因为还可以找别的工作，还可以签订别的协议。

这次不一定非得成交。因为交易不是稀缺物，机会多得是。有时候，你很清楚渴求在作怪；有时候，你却让渴求控制了理智。

要想成为卓越的谈判者，你必须竭力控制住渴求，不显山露水；而要丝毫不显露心中渴求，你首先得做到心中没有渴求，**记住：你不是非得成交。**

牛刀小试

花10分钟反省你一天的行为、谈吐，看有没有哪儿表露出渴求的痕迹。没有人能比你把实情看得更清楚，真实地评价自己。为了给人留下好印象，你有没有在沟通、谈判或面试时说得太多？把这些渴求记录下来：

- 你有没有冗长的留言？
- 你有没有直白地说："我需要 ××× 或 ×××。"
- 想到未来的成功，你有没有心跳加速，开始憧憬？
- 细想每个行动背后的真实动机——不是表面化或被你粉饰过的，而是真实的。

人的渴求总是无穷无尽。想要一栋理想的房子？这是否隐藏着想向世界展示我们财富的微妙渴求？想想电视广告上那两对争相展示孙儿照片、暗自较劲的祖父母，他们没有表露出渴求吗？他们不过是为了证明自己是成功的祖父母，养育出了优秀的子女，生出这么出色的孙子！

若你认为生活中人人都是这样，没什么大不了的，但在谈判场合这就很要紧了。谈判中，渴求是杀手。了解此点的人会攫住对方流露的渴求，最大限度地利用它。

当你有一天能辨别自己的渴求时，环顾周围，看看别人的渴求。观察那些说个不停、努力取悦你的人，那些总有理的人，那些不计代价去赢的人，那些想受人瞩目的人。多看看，你就会从别人身上发现渴求。

渴求常从心底滋生，让人浑然不觉。举个简单例子：

你好，我是贝蒂·琼斯。

你好，琼斯女士。

在重要的谈判场合，这种微妙的称谓会马上将你陷于不利。你的回应会让琼斯女士在房间里占上风，她能感觉得到。接下来，你就会很被动。所以，最好还是称她为贝蒂。再看看这种预约方式：

史密斯女士，我是首优风险投资公司的鲍勃·哈里斯。我想知道你可不可以抽出 10 分钟，让我介绍一下有哪些地方可以为你效劳。

记住，不只是创业公司有求于人，有些资金充足的创业公司对风险投资公司也很挑剔，投资方也会陷入求人境地。鲍勃·哈里斯所做的，给人感觉是在乞求这次约会，这会给人留下极其糟糕的第一印象。其实鲍勃应该说：

吉尔，你好！我是鲍勃·哈里斯，来自首优风险投资公司。我不知道咱们双方有没有合作机会，所以想见面谈谈，了解一下你们的情况，你也可以顺便了解一下我们公司，看看有没有合作点。你什么时候方便呢？

这种方式一点求人的意思都没有，只是一个不卑不亢的建议。如果吉尔资金充足，她只要说“不用，谢谢”就行了。

再比如，你正在“谈判”第一份工作，这可是件大交易。本书写到此处时，我女儿克里斯蒂正在找她的第一份工作。我知道年轻人是怎么找自己第一份工作的，也记得自己当年的情形。这是件大买卖，也是一场谈判。你 3 个月后就要开始还助学贷款，你想向父母、家人以及你自己证明自身价值。你正在面试的职位、工作地点和工作内容都很理想。这个面试机会，让你兴奋得彻夜难眠。你充满激情，极度渴望，心情急切，满口应下初试时间。你花很长时间准备自我介绍，强调自身对这家企业的价值。面试时，你坐在椅子上，语速有点急促，没等考官问完就抢着回答：

哈罗德，我想知道你在学校里——

噢，我喜欢上学。我最喜欢会计和金融。我发现自己很擅长这些领域，也真的很喜欢我的教授。

请告诉我关于——

我喜欢这家公司和你们所做的事。我真的觉得我非常合适。我从小在这里长大，对你们很了解，也熟悉你们的顾客。我看到了你们所有的变化，很惊讶你们居然做得这么棒。

你的——

我很擅长与人交往，善于倾听，可以仔细聆听别人讲话。

你有多少——

我完成了 MBA 近 1/3 的学业，剩下的课程我可以在这儿边工作边学。

问题出在哪里？哈罗德太想得到这份工作了，结果思维混乱，白白丧失了好机会。他想的不是公司为何要面试他，而是一味表达自己的渴求，这自然不会给人留下什么好印象。仔细想一下，如果是你在面试这位年轻人，而他谈的全是自己有多好，有何计划，有哪些强项，那么，你会聘用他吗？对我来说，我更愿意考虑请一个想了解公司和这个工作机会的人。你要找的是一个冷静、镇定、沉着的人。以前，你可能没这么想过，但你想要的，绝对不是一个只想得到工作的人。

下次，你看自然频道时，仔细观察动物追逐的场面。总有一两次狮子或豹子无法得逞，当它们越来越靠近羚羊，近了，更近了，然后，距离又稍微拉开了一点儿，这时它们突然止步，当场放弃追捕！距离拉开时，捕猎者就放弃了。看苗头追不上，它们就不再浪费精力，而是悠闲地走开，全当没这回事，因为还会有别的羚羊将落入囊中。与此相似，久经沙场的谈判者也没渴求，因为谈得成或谈不成都没什么大碍，还有别的生意可做。得不到这份工作还可以干别的，这次面试，就顺其自然吧，过度焦虑和渴求不会带来任何好处。

零售谈判中，渴求最易滋生，最具破坏性，也最危险。买卖双方对成交的黄金定律都心知肚明：**“腰包里揣着钱的说了算！”**买主有钱，他买得越多就越受欢迎。反之，销售人员在买卖谈判中就很被动。传统上，销售人员在人们心目中的形象也有问题。现在，“销售”一词在许多行业已被“商业拓展”四字替代，因为“销售人员”容易让人想起街头小贩。另外，销售人员就是得让步、妥协、取悦买主，买主则得到能得的一切。毕竟，多数时候买主不买这家还可以买别家，而可怜的销售人员却需要卖掉手头的东西。

大师手记

小时候，我在一家蔬果摊上帮忙，在那里，我初次尝到了做买主的滋味。我当时有劲儿没处使，干活很积极，帮助卸货、包装土豆、垒汽水瓶、把鸡蛋装盒等。一天，蔬果摊经理韦德·斯坦利先生邀我一起去进下周的货。天未破晓，我们便上路了。在车上，韦德先生教我该怎么做。我是一个“尝家”，不管水果有多好吃，只管摇头和皱眉。他一再强调，在购买之前，我一定要表现得对一切都不满意，最好一直这样。不要大呼小叫说这苹果真好吃，不要马上下结论，不要急着成交，因为还没降到我们想要的价格。韦德深知这点。当时我不明白，也不需要明白，只管吃和皱眉就行了。

一家家摊子走过，我把任务执行得非常好。我尝了10多种不同的水果，每次都皱紧眉头，摇着头说：“不好吃！”不知不觉，太阳已高高升起，韦德先生也采购得很起劲。有很多次，他假装离去，最终被卖主叫回，以他想要的低价成交。采购完毕，我们满载而归。韦德先生向我解释他的采购策略，跟我现在用的很相似，即利用别人的“渴求”。我尝东西时皱眉头和他拔腿而走都是为了挑起卖主的渴求。逗留时间越长，卖主越舍不得放手，最后，以有利于我们的价格达成交易。

你可能看过电影《拜金一族》(*Glengarry Glen Ross*)，影片中的亚历克·鲍德温（Alec Baldwin）是个干练、冷静、自制力很强的人，他管理着一支销售团队，要求他们拼命卖掉位于格伦加里和格伦罗斯的两处地产。他沉着、自信，有意让销售员看到他手腕上的劳力士金表和其他一切成功后带来的享受。如果他们能卖出去，也会拥有这一切！亚历克·鲍德温没有渴求，却让下属的渴求飙升。他们渴求成交，渴望成功，拼命推销。故事整体很精彩，但情节上有一漏洞：鲍德温在销售大军身上激起的渴求并不能带来更多的成交！

去找顾客，伙计？

做出点成绩看看？

抓住机会！

成交！成交！成交！

许多可怜的推销员整个职业生涯都被灌输这些理念。因为急于“成交”，渴求便会暴露，这很令人痛惜，没什么比这更能毁掉谈判的了。因为买方会立刻察觉你的渴求，它令人不安，还让人产生警戒心理。因此，亚历克·鲍德温的销售大军若不能控制那四处弥漫，甚至从汗味里都可以闻到的渴求，是不可能成功的。

因此，我倡导一条截然不同的准则：**不求成交，否则会暴露销售人员的急切渴望，让顾客逃之夭夭。**

当心祸从口出

谈话常常暴露渴求。因此，有条准则：**沉默是金！**

当然，为了让你明白多说跟渴求不分家，我有点儿夸大。许多人酷爱发言，这可以理解。你很聪明，卖弄一下也是人之常情！可这显示出你渴望得到重视的心理。想想那些与你打交道的精明人，是的，他们很高兴你自我感觉良好，暗地里却恨不得生扒了你的皮。

案例直击

托马斯·爱迪生，人类伟大的发明家，也是一位谈判大师，他跟经纪人配合得很默契。一次，经纪人在办公室为发明大王爱迪生和一位银行家安排了一次会面。经纪人觉得银行家想购买爱迪生的新发明——自动收报机，它会把纽约证券交易所的股票行情直接转到华尔街。爱迪生的产品展示再简单不过了：他装好机器，按下开关，然后走开，留下银行家自己去读纸带。当然，银行家立刻明白了这项发明的价值，他说道：“很棒的发明！我愿意出5 000美元购买。”

现在，爱迪生已决定让机器自己说话。因此，听到这个报价，他撇了撇嘴，什么也没说。“好吧，”银行家又说，“我加到1万美元！”爱迪生拒绝评论，经纪人也缄口不言。房间里安静极了。“好吧，我出2.5万美元！”银行家又说。这次，爱迪生面露难色，但依旧没吐一字。银行家说爱迪生简直是敲诈，他只能出到10万美元，多一分都不能加了。爱迪生看看经纪人，对方点头答应了，爱迪生不情愿地接受了。银行家笑了，得意地说：“爱迪生，我本来打算出15万美元买的！”爱迪生也露出微笑，答道：“我本来只打算卖到1万美元的。”

我喜欢这个故事！它很独特，是沉默奏效的铁证，也几乎适用我的所有谈判法则。口若悬河是常见病，管不住嘴的人一定要时刻当心。他们喜欢当万事通，即便不“通”（很可能），也要不懂装懂。一旦讲得忘乎所以，渴求就自然而然产生，自然而然成瘾。这是真的。

再说一遍：**控制住你的渴求，设法寻找和挑起别人的渴求。**

爱迪生沉默地坐着，既不开口也没流露成交的意向，这使银行家的渴求急剧上升。在电影《拜金一族》里，亚历克·鲍德温的销售团队若能控制住自己的渴求，安静礼貌地让公司开发的地产自己说话，便能挑起潜在买主的渴求，实现更多成交。届时，故事也就不一样了，是不是？

你认识的人中，有多少人会滔滔不绝，让你插不进一句？因为太自以为是，结果这些人暴露了自己的渴求。现在，录音电话上充斥着满是渴求的信息。他们不再说“你好！我是 ×××，听到‘嘀’的一声请留言”，而是啰啰嗦嗦地说自己现在忙得不可开交。这些人给别人的电话留言也肯定简短不了。你从中发现了什么吗？他们唯恐别人不知道他们有多忙、多能干，他们能匀出时间给别人是多大的面子。可事实上，这种做法只会弄巧成拙。

我见过的最成功的人寿保险推销员是一个坐着轮椅的哑巴。他使用麦克笔在黑板上写字来沟通，很耐心地逐条写下他的询问。我想人人都跟他不一样，可是，他的提问方式却值得学习。他自己也承认，坐在轮椅上安安静静地写字是没法表现出渴求的。（顺便插一句，他最有效的问题是：“如果你不在了，家人会流落何处？”）

牛刀小试

开会时，坐在座位上，在不显眼处摆一张纸条，上面写着“少说多听”。比以往说得少一点，听得多一点、认真一点专注于听到的话。如果你实在很想开口说话，就记笔记。结果会让你惊喜不已，深受教益。然后，你就开始反复练习倾听别人的话，直至变成习惯。

很多商务人士一想到要向陌生人打推销电话就浑身起鸡皮疙瘩，坐立不安。真的，许多精英人士都不愿去打。但是，这可是做生意最重要的方式。为什么呢？因为即使在最糟糕的商业环境中，只要你擅长向陌生人推销，就不怕找不到工作。更重要也更基本的是，它是训练谈判技能的绝好方式。向陌生人打推销电话时，你不会抱过高的期望，因此能把持原则，控制好你的渴求。

你好，汤姆，我是比尔。我有个好消息！我跟他们介绍了你。他们正准备买，就等掏钱。你只要打个电话，签单就行了。你欠我一个人情，伙计。

真的吗？听到这个，汤姆的血液都要沸腾了。可如果他不够当心，他很容易失去自制，马上计算能拿多少提成，从而兴奋异常，充满渴求。他会直接拿起电话，说：“你好，多米尼克，比尔让我给你打电话。你要买一辆新车是吗？我这里正有合适的……”不等汤姆说完，多米尼克会想：“唉，比尔真是个大嘴巴，下次我再也不跟他说我想要什么了。现在得打发掉这个讨厌鬼。”电话里，他答道：“你说你叫什么名字来着？汤姆？对的，汤姆，比尔跟你说错了，谢谢你打电话来！”

汤姆当头被浇了一盆冷水。他本可以这样说：“你好，多米尼克，我是汤姆。不知道有没有打扰到你，如果不方便我就挂断。我是做汽车销售工作的，有一款车很适合你，不知道你感不感兴趣。”

为自己做件好事，不卑不亢地打每一个推销电话。不要有渴求，稳住阵脚。不管是打推销电话还是做其他事，当你感到血往上涌、心脏加速时，步伐慢一点儿。挑高的声音是渴求的表现，语速加快也是一大征兆。当渴求的谈判者提高音量时，冷静的谈判者却在降低音量。所以，在内心混乱时，请低声说话。放松点儿，你不见得非得成交。

不怕被拒绝

许多人害怕被拒绝就是因为想讨人喜欢。如果你不在意别人喜不喜欢你，就不会害怕被拒绝。如果不怕被拒绝，必要时你就敢张口说“不”。谈判中，了解拒绝到底是什么、谁能拒绝你、谁不能拒绝你至关重要。

坐在谈判桌对面的人无法拒绝你。

为什么？因为你对他们无所求。无所求，他们又如何拒绝你呢？没法拒绝！父母可以拒绝孩子，因为孩子需要父母。丈夫可以拒绝妻子，妻子也可以拒绝丈夫。教师可以拒绝低年级的学生，因为他们年龄小，需要老师。可是，坐在谈判桌对面的人如何能真正拒绝你呢？不能，他们没这种权力。而且，永远不要让他们认为自己能拒绝你。

一心想让别人喜欢自己，让别人认为自己很聪明、很重要是没有价值的，相反是白费精力的，是危险的渴求，是害怕拒绝的征兆。其实，能做到高效、职业化就够了。把心思花在事业上，不要考虑得太多。然而，有许多谈判者依然挣扎在渴求的泥潭里。

在劳务纠纷中，这种事很常见。实际上，管理层的常用策略就是找到很自负、很需要被重视的“员工代言人”。这些人最渴望的就是向大伙儿说：“要不是我，这份协议根本签不下来。我签下这份协议，保全了咱们工会。”他们最想要的就是在谈判中受重视，他们渴望被看重，所以很容易被管理者利用和操纵，成为“两面派”，充当上层的传声筒。假如工会人员不同意降薪，他们就觉得没必要这么闹，或者说管理层不会改变主意。管理者抓住他们中的一个，向其灌输假信息，这样，他回去后就向大家发话了：“不能再这样闹下去了。我在上面有熟人，他们说再这样下去，工厂可能倒闭。”我在工会里呆过，亲眼目睹过这种不可思议的事。

20 世纪 70 年代，一家非常著名、资产雄厚（银行里搁着 10 亿美元）的航空公司打算在全球扩张。为实现这一目标，他们可以选择自己发展，有序地买飞机、雇人员，他们也可以收购濒临破产的航空公司，接收其飞机和人员。我认为，从长远来看，自己发展会更成功，而且可以提供更多就业岗位，提高薪资水平，促进职业发展，让员工及其家庭更有保障。第二种选择，也就是购买快破产的航空公司，这可能会导致毁灭性的结果，如企业结构僵化甚至大量裁员。当然，不论采取哪种做法，资深员工是不会受影响的，他们有自己的位置。于是，在公司内部，管理层就刻意激发他们渴望被重视的心理。这些人扮演了“劝服”其他员工的角色，让大家相信按部就班地发展对未来成功不利，得“赌”一把，买下其他公司。

管理层的招术很奏效，蒙在鼓里的资深员工被利用了。以后的事大家都能看到。我没法直接指出是哪家公司，但我相信有些读者肯定知道。在收购后的短时间内，这家本来做得不错的航空公司解聘了数百名年轻员工，有幸保住职位的人也失去了士气。8 年以后，被兼并的公司宣告破产。这在一开始就是注定了的。

许多谈判团队的成员因为渴求而使整个团队遭殃，这种事我见过无数次。他们要么泄漏公司的宝贵信息，要么打破团队纪律，谈起大家约定不谈的东西；要么做出无谓的妥协和让步。这一切，都是因为对方的谈判老手调动了他们的渴求：渴望卖弄，渴望讨人喜欢和受人重视。

一家公司的首席执行官鲍勃很渴望成为董事会主席，他主导公司向市场推出新产品，并投放到行业最大的终端客户。他很努力地使董事们看到自己当上主席后会有何作为。他跟董事会约定：如果他把本行业最大的潜在客户变成实际买主，那么再过 8 个月现任主席卸任后，就由他顶替。鲍勃认为为了征服这家大客户，交易条件必须十分诱人。因此，他向对方承诺赠送价值近千万美元的零配件，并提供前所未有的服务。交易是达成了。可是，你得明白，鲍勃是拿它当做登上董事会主席宝座的垫脚石，由此做出了完全没必要的让步。大家沉浸在成交的欢乐中，可能无视因让步而造成损失的事实，但它确确实实存在。

我见过一家公司，因为一再让步，结果差点损失一个大单。4 次降低条件，3 次降低价格，在受我培训之前，还有其他许多的妥协。为了把他们拉出泥潭，实现划算的交易，我要他们中断谈判，重组谈判人员并恢复原价。他们的产品品质不错，价格也很公平。我提醒他们：按照先前谈的价格和条件，折扣已降到最低了，公司甚至送不起货。高层管理人员并不赞同我的说法。一位经理甚至说，按这个价格虽然不赚钱但能保本，如果改变谈判条件，会破坏彼此关系，而且会在业内失去信誉。

好吧，我说，如果你不打算赚钱，那么目的又是什么呢？目的很简单：不计一切地保住关系。谈了好几个月，这家公司一直在退让。可后来，他们傻眼了：对方——尽管交易条件这么诱人——居然拂袖而去，不谈了。回顾以前，他们也承认感觉有些不对劲，可并没采取措施。既然一切要求都被满足，对方就会忍不住想：为什么厂家这么容易降价、改变条件？（这肯定有问题，买家很确信）其中有何隐情？他们隐瞒了什么？他们的产品是不错，但能及时送货吗？如果按成本销售，他们靠什么去积累资金，研发新产品，保证未来的竞争力？

这些问题符合常理，总是退让的公司没法保证有能力执行合同条款。他们的谈判人员过分渴求，让人觉得不可靠。在各种谈判中，这种事很常见。

真正渴求怎么办

可有时是真的有渴求，还非常强烈。历史上，最典型的代表是想在普利茅斯岩度过第一个严冬的清教徒。他们知道，要想活下来，就得有援助，也做好了去争取援助的准备。清教徒真的有很强烈的渴求，他们需要住所、食物和日用必需品。当你也真正有渴求时，最佳办法是向对方暴露这份渴求。他们同印第安人协商，友好相处，一起开垦土地，种下玉米，然后迎来第一个感恩节。

你已经找了6个月工作，经历了漫长的煎熬，现在，一份好工作摆在面前，你会怎么样？除非是超人，否则你肯定很想得到。你必须正视这点，并据此制订薪水谈判策略。你可以跟雇主说："我喜欢你们公司，也是这份工作的不两人选。我们双方都合适，我需要这份工作，真的，但我有一个问题，你提供的薪水比同行的低一点儿，只够养家糊口，让我很难接受。我现在很为难……"

对面的"准雇主"第一反应是把你剔除。要么拿着这份钱干，要么滚蛋。可是，你很坦诚地说明需要，就把问题摆在了桌面上，得大家合力解决了。你承认自己的渴求，同时让雇主看到你的价值，从而为自己争取较好的价码。

这个职位有多重要？雇主对雇员有什么要求？你的卓越表现能给公司带来什么？要想谈好薪水，得站在雇主的角度，引导他看到你的价值，从而给你加薪。不过，也有可能不成功。因为薪水也许是事先定死了的。但只要没定死，你就得争取一下。其实，开口去提并没什么坏处，相反会给你带来好处。

假如你是一位游泳池承建商，亟需房主付你第二笔款，你最好的供应商也给你下最后通牒了。失去他们的善待和配合，你的损失就大了。若你确信房主手里有钱，对你的活儿也满意，但拖拖拉拉就是不想付，你就得伸手去要：

> 萨姆，工人现在还好说，但供应商不干了，他们要钱。我得给他们——我正等着你的钱。你清楚数目可不小。你知道供应商逼得我有多急吗？他们要是甩手不干，工程会怎样，何时才能完工？

谁该感觉良好

亚伯拉罕·林肯是个相貌平平的瘦高个儿，鼻子太大，脖子太细。据说，他留大胡子是因为一个女孩的建议，说那样会让他看起来更棒。胡子确实有帮助，但他看起来还是很古怪。他总是显得疲惫（战争的确让人精疲力竭，他经常花很长时间到南北方的战地医院慰问、探望伤员）。男女老少、南方人和北方人都称他为亚伯、国父亚伯拉罕、正直的亚伯或亚伯大叔。

现在，请允许我插入一段滑稽情节。记得电视剧《糊涂侦探》（*Colombo*）吗？科伦坡是洛杉矶的凶杀案侦探，总穿着一件破破烂烂的军用防水短上衣，开一辆标致老爷车，跟证人娓娓讲述他的妻子和爱犬——一条丑陋的巴赛特猎犬。我觉得，它绝对不会敏捷地叼回猎物，当然他的讲述煞是动人。每次会面或询问，他总是忘记问某个关键问题，于是不得不回去再按门铃，跟人道歉，补充提问。他总是表现得不那么无懈可击，有时还故意装蠢。但是证人都愿意多说，甚至连嫌疑犯也乐于开口，因为他让他们感觉良好，有优越感，很放松，很舒服。这是他的策略。

与此类似，林肯的平庸装束也是有意为之。他深知，得到人们信任才能领导人们。他就是这样做的，他白宫办公室的门总是敞开的。他接待所有来宾，对穷人富人一视同仁。他的口才无人能比，但他从不强词夺理逞口舌之利。他跟人交流，并深信每个人都有价值。用今天的话说，林肯属于非“精英”阶层。其实，他跟科伦坡都在诱惑别人感觉“好”。他们是怎么做的呢？都是通过外表不那么完美，风度不那么良好来让别人感觉好。我真的认为林肯是用自身的这个特性拯救了美联邦。少了它，在那艰难的战争岁月里，人们和士兵就不会追随他。

感觉好就是感到舒服、安全，这是心理学上最简单的定义。从呱呱坠地那一刻起，每个人都在苦苦寻求着舒适与安全。婴儿渴望得到父母无条件的爱，因为那是他们的舒适和安全之源。当他们慢慢长大，他们的要求就更多了，他们渴望被认同、被倾听、被喜欢。可是，我们真的需要所有这些吗？不见得。这种需求伴随着我们的整个青春期（真难以想象），直至长大成人，这时我们又开始追求认同、肯定、成功……

在大庭广众之下和同龄人面前，你愿意暴露出弱点吗？不，永远不！你需要展示自己的强项和资本。你的强项可能是你见多识广、外表漂亮、个性迷人或者你英俊、勇敢、足智多谋。不管它到底是什么，你会本能地流露出来。这是你能并且想向整个世界展现的东西。

因此，你喜欢拿自己跟别人比较。你是超人一等还是落后一点？当你跟不如你或跟你类似的人一起时，你会感觉舒适。两人会很快聊起来，也不怕惹恼对方。然而，与文化修养、社会背景、知识才智等方面高你一筹的人一起时，你会感觉不好，树起防卫心理，变得易攻击、易仇视或涌起其他种种不良情绪。别人衣着整齐、干净清爽时，你却披着一头乱蓬蓬的长发，你会感觉如何？肯定感觉不自在，很难畅谈，小心翼翼，生怕被别人看作傻瓜或蠢货。

分析此情此景，你注意到没有：**人们总喜欢在感觉不好的人面前感觉良好**。别人某方面不如你时，你感觉不错。许多人热衷于看肥皂剧，因为里面的角色比自己生活得还糟糕！

然而，聪明的谈判者知道：**谈判中，只有一个人必须感觉良好，那个人绝对不能是你。**

对此，一些人要么嗤之以鼻，要么大惑不解。可是，的确如此。它能帮助林肯调动选民和军队，也能帮助你。林肯深深知道：要想在谈判中获胜，就得善用“感觉不那么好”这件武器。让对方感觉更好，你才能击溃对方的防线，才能像林肯或科伦坡那样，让一切尽在掌握。

林肯的做法既是一种策略，也出自真诚，他真正做到不脱离群众。换做今天，可能有人建议他请个形象顾问来，替自己选择衣着款式，以弥补那瘦长的体格。林肯自己是怎么做的呢？实际上，他是在凸显自己的缺陷。他老戴着一顶高顶窄边帽，让自己又窜高了七英寸；他的裤子总是太短，更凸显腿长；他总是穿黑衣服，这让他愈发削瘦（别人这样告诉我的）；他的坐骑永远是一匹矮马，骑在上面腿简直能到地，他骑在马上看起来很滑稽。可是，这些加在一起，会让他显得像个普通人，是亚伯大叔，是民众可以信任的人。

罗纳德·里根总统在面对媒体时，也有意无意表现得不那么完美。回答问题前，他会结结巴巴，自我解嘲，答案也可能驴唇不对马嘴。但是，他总能达到目的，不是吗？温斯顿·丘吉尔是个貌不惊人的胖子，他总喜欢跟他那头其貌不扬的牛头犬一起照相。你肯定也注意到，一些重要人物在开口演讲的前几分钟，会讲讲自己的蠢事。他们的言外之意是：你可能花了 2 万美元请我，我穿的西装也可能比你穿的贵得多，可我们是一样的，我也是人。这不是演讲者的“伎俩”，这是真诚的。真的，在这个世界上，人人都是普通一员，如沧海一粟。我们搭乘着同一条生命之舟，同属人类。我们都会犯错，甚至是大错。不这么想的人不是在欺骗别人，而是在欺骗自己。

谈判时，你应该抱有同样的心态。如果你能学学林肯、里根甚至科伦坡，如果你能感觉不那么良好，你谈判成功的概率就会倍增！

拉尔夫·沃尔多·爱默生 (Ralph Waldo Emerson) 在《补偿》(*Compensation*) 中精辟地写道：“**我们最大的强项就是最大的弱点**。”多么一针见血！换句话说，我们喜欢表演卖弄，可在谈判中，你必须控制住这一本能，而去激发别人表演。如果对方喜欢卖弄他的伶牙俐齿，那就让他去吧，但要管住自己的舌头，因为多说会泄露不该泄露的信息。如果他喜欢展现自己的魅力，那也随他去。如果他喜欢卖弄对海事法的精通，那也由着他。训练有素的谈判者喜欢看着别人在那儿表演，因为最大的强项最终会变成他最大的弱点。

笑纳不完美

我培训过一家做亏本生意的公司，如果他们继续以合同价格给客户发货，公司就会倒闭。必须重新谈判，可公司没一个人认为该这么做。他们觉得这“不够职业”，并说：“我们会被看成一群傻子。”总裁也犹疑不决，直至我当头棒喝：“你还想赔到什么时候？”

总裁跟对方打电话时这样说的：“我们上次跟你们谈得太糟，可能你当时就知道了，可我们不知道。现在我们才回过神来。你看怎么解决？”这是实情，不需要遮掩，可以坦白地说：“不行，我们没法再执行这份合同！”也可以更委婉地说，让对方感觉更好，从而解除他的武装。这并非“不职业化”。

谈判中，常常会遇到粗暴的人。有人是故意粗暴，有人天生如此。不管原因是什么，你都不能让他们的行为控制你。他们可能骂骂咧咧，对你横加指责。你该怎么办呢？你会由渴求转为防御，然后攻击并报复吗？千万别！你要平静对待，不露出丝毫想成交的渴望。

案例直击

杰夫是一家大型制药公司的代表，苏珊则来自一家跨国化学公司，向杰夫销售产品。他们在杰夫的办公室见面。杰夫首先发话：“好吧，苏珊，我就开门见山了。我们不再向你们采购了，你对我们太怠慢了。我们一再要求降价，可你一次次地拒绝我们。你知道我们需要这些化学产品，就不停地考验我们的耐性。现在，一切都结束了。你不是好的合作伙伴，我们也无法指望得到你的帮助。你的怠慢会让你付出代价！”

那么，苏珊会怎么说呢？希望她说的是：“杰夫，你也许应该另选别家。看来咱们合作无望了。我没办法，因为我说了不算。咱们两家的合同90天后才到期，在此之前，我没法与你重谈。我只能谈新合同。你想要我怎么做？”

他们继续交涉。

“如果现行合同的价格不降，那就没办法。我们不会再谈新合同。咱们别合作了，回去跟你们老板说。”

“杰夫，这样做会更糟糕。如果我拿着现行合同去找老板，他马上会要我滚蛋。可是，说真的，如果换供应商，你想你们要冒多大风险？”

“风险？你是什么意思？”

“没别的意思。因为交货延迟，我们换过3家供应商。你们呢，换了供应商会不会也遭遇类似情况？”

“好吧，那现行的合同就这样了。新合同怎么办？”

“让我先问问老板的想法。”

这里重申一点：我并不是要你做得非职业化，而是要你做到坦率、诚实，不怕不完美。试想，你愿意围在完美无缺的人身边吗？多数人不愿意。大家都想跟平平常常的人打交道。谈判中，做到不完美只需时不时地暴露一两个缺点。这有点难噢。你可以向人借纸或笔来做笔记，吞吞吐吐地去问问题，或请求对方的帮助，这是让他们感觉良好的绝顶高招，等于向他们说：“看，你们看到的就是这样一个人。”我经常向学员们建议，初次见面时，学会把公文包或名片“忘”在家里。可能你不愿意这么做，但我要告诉你，这样做收效惊人。

我曾培训过一位法学教授劳伦斯，他总认为自己应该表现得无懈可击。有趣的是，人们并不愿跟他说真实想法。我要求他按照我的建议试试。下次主持讨论时，脱掉外衣，松开领带，卷起袖子，至少往上撸一点。我还建议，要想让讨论热烈，他还得后退两步，别让自己那么扎眼。培训结束后不久的一天凌晨，我接到一个电话，是劳伦斯从日本打来的。他刚完成一次面试，日本一所大学想跟他签合同，让他在那里主持下一年度的讨论，报酬相当优厚。

你可能认为这是在耍花招，其实不然。教授不是因为解开领带才得到合同的，而是因为这样做后让听众变得更舒适、安全和感觉良好了。这并非不值一提的招术。你应该真心地愿意让自己看起来不那么完美，从而击溃别人的防线。

谈判越难，越需要知道：**房间里若有一个人感觉良好，那个人一定不能是你；若有一个人感觉不好，那最好是你。**

别人感觉不好时，会迅速布下防线，你根本来不及阻挡。可是，你的“不佳”表现会瞬间击溃他们的防线，就跟变魔术一样。

我知道，“表现不佳”说来容易做来难，因为从出生那天起，我们就拼命地要表现好，甚至为此刻意训练。当然，我们也看过那些业界大亨（他们也许就是你公司的首席执行官）穿着十分考究，跟重要人士一起吃饭，喝酒，抽雪茄。毫无疑问，这些人感觉很好。我想起《时尚女魔头》（*The Devil Wears Prada*）里的梅丽尔·斯特里普(Meryl Streep)，她走进办公室，把皮衣扔到椅子上，连一句“早上好”都没有；她高高在上，如女王般，看到她走近，员工都吓得不敢动弹。这种呼风唤雨的生活和无上的良好感觉是大家都想要和渴求的。但是，记住一点：感觉先别那么好，才有机会爬到上面！

在谈判中，我就是这样做的。这并不是要你衬衫或裤子上沾着污渍，而是要你表现得不那么完美，多点人情味。也许你跟前总统杰拉尔德·福特和比尔·克林顿一样幸运，天生就能让人感觉良好。福特总统就像街边走来的学者加运动型的人，大家都能同他交谈。他没有敌人。克林顿总统擅长露出平易近人的笑容，呵呵笑着，让大家很放松。他有敌人，但敌人们也承认他无论跟谁打交道，都能让对方感觉很受重视。若你不如两位总统那般幸运，就得多努力了，即便不高兴这么做，也得学会去做（正视一种情况：有些人天生让周围的人感觉不好，我不推荐他们去做职业谈判者）。

牛刀小试

下次，你发现谈判时对方有些冷漠或疑虑，请表现得随意点。假装你的笔没水了，需要借一支用用；或往口袋里摸记事本，结果没带，不得不张口借纸；或者你的掌上电脑又没电了。一旦做出这样的举动，你就会发现气氛有些松动了。

3分钟小贴士

停下来，多看，多听。是什么诱使你表现出渴求、急切？找出它们，你才有机会将其控制。

再想想，是什么诱使你不管别人的感受，只顾表现自己？找出来，以便克服这种良好感觉。

别人为何会有渴求，会想表现自己？激发他们的渴求。他们的渴求对你只有好处。

NO!

第2章

你那么想要结果吗

掌控自己，赢得谈判

布赖恩的客户为什么常常拖到季末才下订单？
吉姆·坎普推销软水器时遇到了什么困难？
签订了合同后对方又背信弃义，如何应对？

Focus on What You Can Control——Yourself

本垒打的击球手能控制挥棒结果吗？不能。一些球根本打不中，所有击球手能做的就是苦练技巧，在比赛中把球击好，即协调好动作、控制发力和保持平衡。如果他只想着实现本垒打，就容易挥棒失误，失去力量控制和平衡。

打高尔夫也是如此。与其一心想打出比标准杆低的成绩（这是许多业余者很难做到的），还不如专注于挥棒击球，专注于你可控的动作上。你还应该重视“飞行路线”，这是高手强调的，也是可控的。对于一般的高尔夫球手，路线控制常常被理解成按自己习惯的方式做，不去尝试别的挥杆方式。别那么自以为是，请作出有效的决定，对自己说“不”。

道理很浅显，然而，对此点头称是的人会说：他们的经营目标是在某个期限内达成某笔交易，或者在多长时间内卖出多少配件。在商界，人们都抱有这样的想法。这种想法让他们设定长期目标、总体目标、野心勃勃的目标、天马行空的目标……可是，他们对这些目标真的能控制吗？恐怕不能吧！正如击球手无法控制他全年的本垒打总分一样，他们也无法控制结果。但许多公司和职场人士还是热衷于此。多年来，我与赚6位数佣金的人、世界500强的高层管理人士、忙于找工作的毕业生都打过交道，知道他们想要的其实只有一样：结果！

现在，我要你改变做法，收获截然不同的人生。如果你想当所有谈判的赢家，当然包括当最成功的推销员，那就不要制订死目标。千万别设定，一个都不要，永远都不要！你对结果没有最终的控制权。

那么，你可以控制什么呢？你的行为和做法。你无法控制对方的作法和决定，但可以做出自己的判断。经历多了，便可以控制自己，使自己的行为和决定不受情绪影响，不暴露渴求。受到侮辱后，你会情绪使然，血气上涌，可你能决定如何应对怒气：是盛怒之下狠狠还击还是拼命咽下这口气，全在于你！

在生活和谈判中，你会养成好习惯或坏习惯，做出有益或无益的举动。真正理解这一点的谈判者会胜人一筹，甚至能战胜许多谈判老手。改进自己的做法才是真正有效的目标，因为它是你唯一可控制的。实现这个目标，你就能赢得谈判，收获想要的“结果”；而紧紧盯着目标，只能让你白白浪费时间和精力！

专注行动，忘记结果

在前一章，我讲了渴求的危险性，提出了不求成交法则，因为急于成交会暴露渴求，让对方迅速察觉到这点。在本章里，该法则也百分之百管用，它会让你不再愚蠢地追求结果，因为结果并不可控。可是，许多人，尤其是销售人员，因为老板施加的压力，一个劲地嚷嚷：“成交！成交！成交！”

如果你的老板也这样该怎么办？你无法置之不理。那么该如何应对呢？我建议你运用本书的全新谈判策略，帮助老板看清真相。你可以跟他谈一次，递给他这本书，找机会展示你对此书的领悟。

此法无效？你的老板从来不听或不学？那么，你就该考虑换一份工作了，因为这里障碍高筑，让你无法发挥最大潜力。你选择读这本书，寻求帮助，就应该得到启发。

如果你是推销员，顾客已经准备提笔签字了，此时，你再补上一句：“约翰逊太太，你真的确定要签字吗？要不要再看一遍，确认一下条款？”这会让约翰逊太太更相信自己该签还是该抱有疑虑呢？肯定是前者，她更相信你了！她认为自己的选择是正确的，因为你作为推销人员，都确信条款是合情合理的。你的自信催生了她的自信。你没有催促她，没有急于成交。

数字目标导致失败

我见过许多商界人士因为达不到既定目标而垂头丧气。老板们认为制定数字目标能激发干劲，可真正激发的是什么呢？几年前，篮球名星比尔·沃尔顿 (Bill Walton) 就给出了一个明智的答案。他得知沙克·奥尼尔 (Shaquille O'Neal)——一个糟糕的罚球投手——近几个月练得很辛苦，便讽刺地说：“他是在训练自己的错误吗？”如果球进了，那纯粹是因为幸运。不懂篮球的人都能看出来，奥尼尔的罚球技术实在不怎么样。

用我的话说，奥尼尔的努力只会让他离成功越来越远。同理，老板强迫员工达到既定数字目标也与此类似。压力与日俱增，员工不是在改进自己的做法，而是心急火燎，四处出击，挥汗如雨，狂打电话，低声下气求人签合同，不签时甚至气急败坏。他们陷入多么可怕的恶性循环：为了完成任务，一个劲儿地死拼力气而不是寻找方法，由此养成一些恶习，然后越陷越深！

最后，会怎么样呢？最有可能的就是妥协。为了签单，就随口许诺，答应对方要求的一切！当然，这也是双赢思维的典型错误，因为渴求、想成交而作出不必要的妥协。难道没有别的办法吗？有。我的学员布赖恩就是个例子。他的客户常常拖到季末才下订单。他们的想法很简单：为了完成销售任务，布赖恩也许会降价或作出其他让步，而且如果他没有完成公司任务，甚至可能影响公司在华尔街的股价。这种所谓的双赢策略在商界很常见，布赖恩却不吃这一套，因为他不追求数字目标。他很清楚自己的使命。他工作得既卖力又聪明，并且恪守原则。

追求无法掌控的数字目标只能白白耗费精力和才华。另外，即使目标可以达到，也会是无益的、危险的。

大师手记

小时候我就有过这方面的教训。那时我才 13 岁，在举行高中篮球决赛的露天体育场卖可乐，每卖一杯赚 5 美分。我觉得赚到 2 美元，利润就很可观了，那需要卖掉 40 杯。卖完后，我就可以休息，观看剩下的比赛。于是，我便在过道里钻来钻去，叫卖着："可乐！冰镇可乐！快来买喽！"大家都纷纷掏钱。上半场没过半可乐就销售一空。钱进了兜，我便在后排找个座位坐下来，观看比赛。第二天，我在学校碰上好友盖伊·休斯顿(他也在比赛时卖可乐)，便凑上前，自鸣得意地问他赚了多少。他说："我想给小摩托车换个新胎，需要 6 美元，就干到第三场结束才数钱，一共赚了 24 美元！"我惊呆了。

这件事早已过去，可教训仍铭记在心头。那时我不知道大人甚至是专业人士也会犯同样的错误。他们完成了任务，可一星期才刚过半哩！嘿，我很棒吧！剩下的时间就可以休息喽，这是应该的。没错，不求上进的人可以这样。在这个世界上，只有布赖恩和盖伊·休斯顿们才能冲上成功的巅峰，因为他们清楚能掌握的只是自己的行动，并且恪守原则。

当心无偿行动

设定不可控的目标，追求不可控的结果是我们常犯的错误。然而，另一种情况是行动和目标可控，但不值得去做。为此，我划分出有偿行动和无偿行动。例如，填支出表格以及其他例行文件，显然，它们是最典型的无偿行为。你得做，但不能让这些事唱主角。办公桌弄得干净整洁，文件摆得整整齐齐，其他东西也井然有序，当然，办公室主任会喜欢你，但这对关系利害的谈判有多大帮助？一些无偿行为是为了带来报偿，但你得控制它的比重。毕竟，混淆两者的重要性是要不得的。

推销员列出大有成交希望的拜访名单是有偿行为，可是，为了完成任务，操起电话本就定下一堆无谓的约会，是绝对的无偿行为。在商界大家普遍都喜欢恳求客户给予会面的机会。我见过许多推销员都被这种做法毁了：出发时满怀希望，回来时两手空空。求来的会面失败率极高，因为不管推销员心理多么强韧，都会变得渴望成交，然后真的陷入麻烦。我前面讲过，打推销电话必须记住：它是无偿行为，务必确信自己清楚这一点。

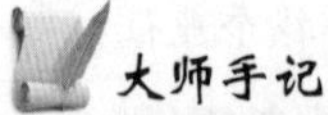

大师手记

做飞行员时，为补贴家用，我开始推销软水器。老板要求我一天向5个人推销，随便什么人，只要他愿意听。我遵旨行事。我求人看我展示，听我介绍。少数人说“好吧，给我看看”，多数人说“不”，即便真让我展示了，也没有买。我得到的最好回应是“你得跟我丈夫聊聊”，“我妻子才能拍板”。一次展示结束，我发现我口干舌燥的对象居然是一个保姆！噢，我真是个天大的傻子……这时，一道灵光闪过我的脑海：我干的全是糟糕透顶的无偿行为！多浪费时间啊！我认识到我必须找出当家话事的人。那时，我还没以“有偿”和“无偿”来划分行为，但脑海中已意识到它们的区别。我应该只向有权开支票的实际决策者卖力推销产品。

你必须清楚：**跟有决策权的人打交道和跟保姆交涉是两回事**。每家公司都有许多“保姆式”的人物，他们可能假装自己大权在握，其实不然。与真正的决策者打交道才算是有偿行为。假设你跟某公司的生产经理见面，想提交一份建议书。你跟他相谈甚欢，得到了写建议书所需要的信息，离去时充满信心。你觉得攀上了他，回去可以跟大家说会面是多么成功。可实际上，这会面只是筹备书面建议，生产经理也不见得能拍板。简言之，这是一次无偿行为。去吧，跟别人处处，打探点儿信息，但别误以为这就推动了谈判进程，它做不到的。

案例直击

我女儿的朋友琳达刚完成大学学业，一边在餐馆做兼职服务员，一边着手找一份营销工作。业余时间，她泡在网上，浏览工作职位，填写在线申请。然后，她致电各个公司的人力资源部，遵照应聘流程行事。三个月过去了，她一次面试机会也没得到。为什么？她确实很努力，但全是无效行为——她联络的全是没有决策权的人！

我最终忍不住问她是否需要帮助，若需要，能否接受我的建议？首先，我指导琳达列出她感兴趣的公司名单；然后，给这些公司的首席执行官助理或总裁助理打电话，并询问："我如何才能见到总裁本人？我想跟他谈谈在这里的职业发展。你觉得什么时候合适？"

通过此举她接触到了决策者。琳达的名单上有 14 家公司，她跟其中 4 家的决策者见了面，7 家介绍她去找人力资源部，3 家要她去公司网站。我们俩首先准备跟决策者们见面，然后准备联系人力资源部，没去管要求上公司网站的那 3 家公司。3 周内，琳达被其中一家公司录用了。我写这章时，她已完成了在巴黎的培训。

有些行为模棱两可，难以区分是有偿还是无偿，典型的是请人喝酒、吃饭、打高尔夫球。有些情况下，这种花费是应该的，如跟一个决策者吃饭，就极可能是有偿行为。然而，一些人走入了误区（我见到许多能干的人都是如此），认为所有的请吃饭、打高尔夫球都是有偿行为，其实不然。表面上看起来很好，可真正的谈判在哪儿？它们如何推动谈判？在整个商界，包括直销在内的一对一交涉中，这些事都司空见惯。这些人分不清是有偿行为还是无偿行为，或者不能分清此中的关键，只是用无谓的吃喝来掩盖谈判的难点。

你看，采取无偿行动，既无眼前收益，也无眼前风险，不需要说

“不”，不会听到“不”，不用警惕渴求，也无需作出任何理性的决定，因为你还没真正开始谈判。有时候，大家都喜欢粉饰太平，拖延时间。偶尔为之还不会带来严重后果，可是，当这形成习惯（很容易的），要脱离这种恶习就会很难。你必须管住自己，在所有谈判中少做无偿之事，即便是在你喜欢的俱乐部打一圈高尔夫球也要克制。大的谈判如此，小的谈判也如此。真正的谈判高手有一个共性：能瞅准机会，迅速把无偿行为转化成有偿行为。我知道极其有心（也因此成功）的人会毫不犹豫地取消跟来自大客户的非决策者在卵石滩（在加利福尼亚州，那里有美国最昂贵的高尔夫球场。——译者注）的礼仪性会谈，以便跟采购量一般的客户敲定最后事项。我还知道，非常成功的人会断然取消最终会面，转而去打高尔夫球。我不会批评这种决定，因为我肯定他们这么做是有原因的，极有可能是为了控制渴求。

当你养成习惯，只把可控和真正有益的行为作为目标时，就在职业生涯中迈出了一大步。你不再追求不可控的结果，而是对自身的行为负起责任，也不再自欺欺人（有的是整个公司都在自我欺骗）。这听起来刺耳，但这是事实。从某种意义上说，一周卖不卖 50 个配件、签不签合同、讨不讨好潜在顾客、安不安排答案是“可能”、“或许”的谈判都很容易，难的是有系统、按部就班地施展策略、推进谈判，更难的是控制住渴求，愿意说“不”和听“不”。

谈判没有终点

谈判结束，签订合同，在一般人眼里，墨迹即便未干，交易也告结束。若真如此，就不会有打官司、拒绝付款、重新谈判和“买主反悔”了；律师也得靠边站，或至少不需要那么多了；客户不会换供应商，供应商也不会咬牙切齿地说不再跟那家客户打交道了；房主不会要求游泳池承建商返工；父母无需再打电话要求见老师……现实世界中，文件签署后谈判并未结束。其实，经验丰富的谈判老手认为合约很容易被撕毁，这是商界的自然现象。毕竟，世界 500 强公司会比小公司更打得起官司。

微软公司也比联邦政府更打得起官司。有的公司从小企业那里订货，承诺是 30 天内付，可事实呢？他们甚至根本没打算在 6 个月内付款。他们根本没把这条款当回事。

那么，谈判什么时候才算真正结束？花点儿时间回顾一下你工作或生活中最重要的一些谈判。它们真的结束了吗，或是依旧在进行？我知道，有些还未完结。在商界，合同签署后，延迟付款、延迟交货、某个条款又有歧义、再要点好处……可谓不胜枚举，关键是你如何应对。如果你的目标是“签下协议拿到钱”，那么，就要做好可能遭遇延迟付款、延迟交货或对方对某个条款吹毛求疵的准备！这种新的发展态势让你觉得在上次谈判中可能被蒙蔽了。打击来得如此突然，你都不知该如何处理。你认为谈判结束了，可现在事实证明没有，你眼前一片茫然。如果你谈判的唯一目的不是签下合同拿到钱，而是监控自己的行为、做法，按策略推进，就不会对后来的束手无策。谈了第一次就会有第二次，甚至第三次。回到谈判桌上吧，没什么大不了的！

克服谈判恶习

迈克，一位成功的理财规划师，有明确的目标市场：医生群体。迈克经常受邀给全国医生演讲，这是很好的推广平台。迈克的公司无疑很成功，可他本人却遭遇了瓶颈。业务为何突破不了？他通过分析工作的各个环节，意识到自己说得太多，根本没等待别人回应。他赶赴每一场演讲，结果陷入了渴求状态，让医生们不安。因为渴求，他开始追求结果，虽不是明确的数字目标，但结果自己是控制不了的。他工作卖力，但不聪明。他养成的坏习惯阻碍了公司成功。

用新的、有效的好习惯取代旧的、无用的坏习惯是个大挑战。想想看，有多少新年愿望真正实现了？如果你没有很强的自律精神，肯定会很难做到。

你如何管住自己，改变糟糕的谈判习惯呢？你如何学会不死盯着任务数字呢？你如何不急于成交呢？你如何无视前途未卜的结果呢？你要养成自身完全可控的习惯，每日反省，监督自己，像个飞行员那般严格。

驾驶复杂精密的战机是人们最难掌握的技能。单是氧气罩和降落伞就足以令人痛苦，坐在狭小的驾驶舱里，被安全带绑得几乎不能动弹，也让人窒息。这可不是好玩儿的事。每小时 700 英里的飞行速度要求飞行员作出迅速、有效的决策，稍有不慎就会瞬间机毁人亡。因此，说新飞行员面临巨大挑战实不为过。那么，部队是如何在短短 12 个月内把新人变成超级飞行员的呢？飞行员如何养成驾驶这架复杂“铁鸟”的操作习惯呢？很简单，教官给每人发了一本训练日志，记下所有的东西。这份记录他们随身携带，教官和飞行队长每天检查两三次，根据结果奖优罚劣。

你，作为一位谈判学习者，如何把新学到的行为技巧变成习惯呢？其实也应该记日志，从中发现强项和不足。我虽不是心理专家，本书也不是专门讲心理的，但还是要求谈判者了解人性。你要知道坐在对面的人是心理动物，必须学会与之互动。**养成每天自省、有错即改的习惯对成功至关重要**。我作为老师和教练，要求学员每天都作自我检查、评估，在谈判中留心自己的举动和情绪。文斯·隆巴尔迪 (Vince Lombardi，美国著名橄榄球教练。——译者注) 说过：“赢并非一切，准备去赢的意愿才是全部。”

理财规划师迈克深受坏习惯之苦后，他每天反省自己，很快便找出了症结所在。他不再留下充满渴求的电话留言，而是要求对方直接打给他，并愿意为此等上好几天。他学会了问问题，描绘远景，而不是说个不停，引起异议。他取消了预定的演讲，重新安排日程。现在，他是医生们盼望见到的人了。他使用“检查单”（最后一章会详细讲述）跟每位潜在客户谈，大家不再感觉受强迫，因为他已是一个控制住渴求、不急切的人了。迈克向人展示的只是他的专业知识和经验。他做得如此好，以至于跟以前判若两人。

对很多人来说，要做到“每日自省”实在是太难了。可是，这样做对你有益无害，对谈判也极有好处。严苛地审视自己有助于发现自己的弱点，发挥强项，提升自尊心。它还让你不再迷惑时间花到哪儿去了，让你知道该如何看待和纠正错误，该如何谈判才能成功。它让你对哪些东西可控哪些不可控看得一清二楚。

一些学习理论认为，要练上800小时，人类才能掌握新的、复杂的技能。这标准定的不知是否偏高，但多加练习肯定错不了。每日反省能帮你做到这些。我希望你能努力做到每日自省，总有一天你会为自己的进步而惊讶。

3分钟小贴士

你还在制定死任务吗，或不由自主地这样做？它是无用的。专注于你可控的行为和做法吧。

“成交”的诱惑难以抗拒，在一些领域，如房地产，几乎就无法避免。你必须时刻注意你有没有不由自主地渴求“达成”协议。

行动前先想一想，打这个电话、见这次面是有偿行为还是无偿行为？

你有没有每天花些时间反省一下自己的行为？

NO!

第3章

用"不"占据优势

"不"字最好，"是"字不好，"也许"最糟

为什么"双赢"理念让吉姆·坎普在跟香港的供应商谈判时一败涂地？

玛格丽特的公司是怎样垮掉的？

Why "No" is Great, "Yes" is Bad, and "Maybe" is the Worst

35 年前，我刚开始当飞行员时，薪水少得可怜，养家糊口都很难。由于我有机会飞去远东，便创办了一家外贸公司，专门从香港进口人造工艺品。在一次飞往香港的途中，我读了一本讲谈判的书，那本书给我灌输了这样的理念：为了成交，人人都愿意做出一些牺牲，如此一来，各方有利，大家共赢。可真正开始谈判时，我很快发现，坐在对面的家伙根本没读过那本书，一点也不把我的利益放在心上。他们才不管我死活呢。我承诺将来会跟他们做大交易，但他们无动于衷，不肯松口降价，不愿为了成交而让步。不论我提什么方案，他们的答案就 1 个字：“不！”

到底怎么啦？为什么“各方有利，大家共赢”的理念不管用？我脑子里装的全是商学院大力鼓吹、无数谈判者都认可的那套理论。我认为，谈判应考虑各方的“合理利益”,“公正”地解决争端,实现“长期”共赢，顾全“公众利益”。这听起来相当美妙，可一走进现实世界，跟香港那帮供应商交涉就失灵了，他们用的完全是另一套东西！

这次经历让我痛定思痛：书上讲的对不对？我终于明白，“合理利益”、“公众利益”、“公正”这些词都很动听，可就跟政客拉拢人心的辞令一样，只是用来说说而已的。听起来冠冕堂皇，实际上空洞无物。毕竟，谁有权决定谈判中哪些利益是“合理”的？“长期”共赢，“长期”是指 1 个月、1 年、10 年，还是一辈子？

一天，谈判又无果而终。在经由安克雷奇飞回纽约之前，我还有点儿时间可以消磨，便信步走进香港喜来登饭店旁边的书店里，抬头看到《牛津英语大词典》。出于困惑，我翻开词典，查找“谈判”一词。上面写道——

谈判：双方或多方试图达成一致的行为，其中，各方都有否决权。

我发现了！这条解释如闪电般击中我，以致许多年后，我还清晰地记得那一幕。谈判只不过是双方或多方试图达成一致的行为，其中，各方都有否决权。这否决权不就是说“不”的权力吗？对，我们有权说“不”。这条解释表达清晰，没有废话，没有怪论，也没有空洞的言辞。

定义中没说什么“公正”呀、“合理”呀，而是说了一个字：“不”。谈判中，如果你不赞同，说“不”就行。如果我不想那样做，我会直接说“不”避免陷入困境。

大师手记

为了增加收入，我还去卖软水器。我遵照公司的销售指导，努力推销。我用三寸不烂之舌，把装软水器的好处说得天花乱坠。任何人，只要愿意听，哪怕是假装的，我都会卖力演示，临了问一句要不要买。我最常听到的是“下个月我给你打电话”，一个月下来实际销售却是零。那次从香港回来后，我决定尝试一下辞典上教的：“任何销售，任何谈判，参与方都有否决权。”反正试一下，对我没什么损失。于是，我便去找最初联系的狄克逊家，敲开门，向女主人再次介绍自己，并说：“狄克逊太太，你还记得吗，我是戈勒塔软水器公司（Goleta Water Softeners）的销售代表吉姆·坎普。上次我来这里，你说不想再用硬水了，不知怎么回事居然没能同你成交。这次来，我是想知道你是不是决定不买了？请尽管直说！这样我就心里有底了，我回头再找别人推销。”

最奇怪的事发生了。狄克逊太太说：“不是这样的。上个月我手头有点紧，现在才宽裕。你们这个月能来安装吗？”

能，当然能！很快，我就继续挨家挨户拜访前几周联系过的人，总共31位。我说，如果他们不感兴趣，可以直接拒绝我。这样，我就删去他们的资料，不再打扰。结果，我卖出6套软水器。短短几个月内，我卖这玩意儿赚的钱比开大型喷气飞机赚的还多。毫无疑问，成功的主要原因是我邀请潜在客户跟我说“不”。

为何不愿说“不”

“不”的作用立竿见影。确实如此，可当我把它作为重要谈判原则传授给商界学员时，他们很难理解，更难接受和运用。培训一开始，我问他们“不”意味着什么。他们答道，意味着结束，等于说再见、走开、完全拒绝、失败了等。可是，当人们理解和接受了这个概念，把“不”说得恰到好处时，情形便会截然不同。谈判中，当你认为各方都有权说“不”时，“不”就只是一个决定，跟别的决定没什么两样。你会不怕说“不”，不怕听到“不”，结果确实很神奇。不过，我要告诉你：“不”字可不容易说出口啊！

是什么让你本能地抗拒说“不”呢？让我们回想一下你初次使用这个字的惨痛经历。你宣布“不”，平生第一次体验到权力的快感，可也与父母发生了激烈的冲突。“不”是把双刃剑啊！你整个人生都记得这次经历。“不”是个坏字眼，这在你心底牢牢扎根。

人人都想被人喜欢，说“不”会让人讨厌。

你不想伤害别人的感情，说“不”则必然伤害到别人。更糟的是，被伤的人颜面无存。那么，你干了什么傻事呢？你犯不起这种错误。

你不想被视做粗鲁冷漠、傲慢、挑剔的人，而说出"不"字，你就会被贴上这些标签。你很清楚自己不是这样的人。

你说了"不"，就等于鸣金收兵；别人说了"不"，就等于拂袖而去。因为"不"是终局，是结束，是失败。

你宁死也不愿输。可别人说了"不"，你就会输。

听到"不"字你该怎么办？你不要做失败者，你要当赢家！堵住别人的第二个"不"字！

显然，这是一种双赢心态，它要我们得到"是"字！你被情绪掌控，沉浸其中，说"不"和听"不"对你很困难。不久前，一位朋友见到我，说起美国全国广播公司（NBC）《今日秀》（*The Today Show*）做了一档"说'不'的艺术"，节目讲的并非谈判，而是泛泛地谈，并提到在我们的文化中，该说"不"时不说"不"。"不"被当做瘟疫，避之唯恐不及；"是"却大受欢迎。这就是美国人的作风！

我想劝你信服：**你害怕的"不"字，其实能永远改变你的人生——使你的人生变得更美好、更灿烂。**

"也许"——事业的死神

我们都怕说"不"，那还能说什么呢？经常，我们说"也许"，它不会伤人感情，不会拒绝别人，也不会扼杀交易。说"也许"，没人会输。但在谈判中，"也许"有什么用呢？没用！大家都不知道该怎么办。如果你说"也许"，不会从对方那里换来任何有用的回应或信息，因为你等于什么都没说。你只是让双方都无从推进，没干别的。当你听到"也许"时，情感因素容易扑上来掌控你。

"老爸，我周五能开车去参加舞会吗？"

"又有舞会？好吧，我看看。我想想再告诉你。"

"好的。多谢了，老爸！"

在21世纪的今天，举这个例子很能说明问题。对话中的孩子会怎么想？“嘿，老爸没说‘不’，看来还大有希望！”做父亲的又会怎么想？“唔，该拒绝还是答应？我不放心他载着一群孩子转悠。我得争取老婆的支持，再跟他说‘不’。如果他妈觉得没有问题，那我就同意。总之，看情况吧，该怎样就怎样吧。”

不确定的回答给父亲争取到了时间，这在家庭中无所谓。可在商界，争取的时间就是损失的时间。买主想要折扣，卖主模棱两可；买主想大量购买，压下价格，卖主却犹犹豫豫瞻前顾后。时间便这样一点一滴逝去。房主想知道游泳池承建商能否在3月1日开工，对方说“不确定”；承建商问房主最新的瓷砖设计行不行，房主不说行也不说不行。

在谈判中，“也许”会浪费你的时间、精力、金钱，让你心力交瘁，把你活活拖垮。他是同意吗？我们快成交了？或者他还在逼我们让步？他是在拒绝吗？我们的条件没法成交？或者他不肯定，还是因为他自己也不知道？如果我降价，他们会怎么办？如果我增加订购，他们会怎么样？也许还拿不定主意。天哪，谁能给我答案？这就像是猜谜游戏，绞尽脑汁也不得其解，因此无从判断。

这句话值得重复一万次：**“也许”是事业的死神，成功谈判的克星！** 我培训过商界人士，他们开始分析自身行为时，认识到最大的错误就是允许别人老用“也许”、“可能”、“或许”吊自己胃口，耗尽时间。

案例直击

玛格丽特女士满心苦楚，她人很好，长得甜美，也很努力。在办公室装饰行业初尝成功后，她很快发现自己无法让客户迅速作决定。她害怕听到“不”，因此对方的“也许”给了她无限希望。“也许”越多，希望越大，由此她囤积了一大批昂贵的装修材料，结果资金链断裂，她随之破产。玛格丽特的公司垮掉了，是因为她无法摆脱那么多的“也许”。许多公司也断送在同样的错误上。

当然，“也许”会以不同的面目出现，如果你不能摆脱，那就起身离去，因为再留下来也是空耗时间。

牛刀小试

找个无关紧要的场合模棱两可地回答每条提问、每项建议、每个议题。看看会让大家多么困惑？换个场景，别人对你的所有问题都说“也许”，深入分析，你能得出答案吗？肯定不能！

口“是”心非

比尔，我们正需要这种软件。我肯定我们会买。给我几天时间，让我同事试用试用。他们也许会喜欢的。真是个便利的工具。你周末给我来电话！

到周末，推销员比尔给这个潜在客户打电话，你猜比尔会听到什么？

嗨，比尔，我正在争取预算。下个月你能再打过来吗？

换一种场景看看：

约翰，收拾一下你的房间！爷爷奶奶要过来吃饭。

是，妈妈。放心吧！

约翰真的会收拾房间吗？不会。那他干吗还答应？找个办法逃避，再拖点时间。他想自己玩儿，根本没打算打扫房间，更没心情惹母亲生气。他也知道拒绝不管用，含糊答应也不行（这在许多谈判中行，可在母亲面前会失灵），所以就口是心非地说了个“是”。这个“是”没有真实含义，也不是发自内心，只是临时拿来用的挡箭牌。推销员比尔面对的是同样的“是”：口是心非。这位顾客根本没打算买软件。可是，以美国人的方式，又不愿直说。他不想直截了当地说“不”。他可以说“也许会买”，很多顾客都这样，能说“是”最好。他可以一再拖延，直至找到借口时才说出“不”字，让自己始终做个好人。

大师手记

我自己也有过一次经历，当时在加利福尼亚州为高中橄榄球队募款。我跟学校的一个教练关系很好，他把我推荐到别的学校，还亲自打电话给那里的教练。然后，我再打过去，介绍自己，那位教练爽快地说：“不用多说，吉姆，我们都想跟你一起工作。你什么时候能来这里？”

“下周。”我说。

他停顿了一下，道：“周一给我电话，我们再确定。”

整个周末我神采飞扬，兴致勃勃，下周一我就能开始一份新工作！它将是美妙的一周。我清楚自己并不是很擅长这个，我干得不太好，但抱的期望很高。谁叫我是一个很乐观的人呢？我满怀期待。应该没问题的！周一一大早阳光明媚，我打电话给这位教练，他诚恳地致歉：“这个赛季名额已满了，换个时间怎么样？”他提出：“要么3周以后再说？”我的心沉了下去，还能说什么呢？（后面我会告诉你该怎么说。）都是我的错。若当初直接跟我说“不”，或者我看穿那个“是”字是假的，没任何价值！周一打电话时既不抱希望，也没有渴求，这样都会让我好过些。可我犯了个常见的错误，认为他的肯定是真的。最终，我没进他们学校进行募款。

别人告诉你“也许”时，常让你眼前充满光明；可一旦实际落空，你就饱受打击，乱了阵脚。别人的“是”也一样，最后让你心烦意乱，不知该如何是好。“是”字让你激动，加速肾上腺激素分泌，忍不住计算预期收益，想着赚来的钱该怎么花。是买奔驰，还是宝马？你丝毫没察觉，你的渴求在飙升。你需要成交，需要这颗唾手可得的果实！换个角度想想，有多少次，你不假思索就答应别人“是”？你想令人愉快，让交谈继续，因此说“是”不是坏事。我不知道为什么有人喜欢张口说“是”，许多人都如此，这就要求你能看清真相。

不要傻呵呵地相信那脱口而出的“是”。如果你发现它是真的、确定的（不太容易，但也有可能），请谨慎地推进，不要暴露出希冀和渴求。通常，它只是对方想让面子上过得去，或暗藏着什么阴谋而已。它可能是对方下的诱饵，引你上钩，激发你的渴求，扰乱你的决策，然后，再来个“假如”、“但是”、“然而”、“当”等有条件的限定词。这时，你该怎么办？你的心已被渴求涨满，抓不住关键点，容易作出错误决定和无谓的妥协。于是，对方就掌握了主动权。因此，**口是心非的“是”字是个“老虎夹”，常被经验老道的谈判者利用，欺骗相信“双赢”的弱势谈判者**。精明狡猾的谈判者总是耍花招，让你陷进圈套。

“是的，弗兰克，我们正在商量，想跟阿珂姆公司签订有史以来最大的单——5万件！”弗兰克要乐晕了。这能让职业生涯腾飞哦！然后，又打过一两通电话。“弗兰克，我还没提这事。现在还没必要。我想，这么大的份额，应该打个8折，你觉得呢？”

不要轻信过早的肯定，什么都别多想，不要让情感沸腾，不要有渴求，不要急着摘取眼前诱人的果实。恪守自己的原则，谨慎推进。

牛刀小试

找个场合，对每个问题、每项建议、每条讨论都点头称“是”。说真的，你的“是”对交流有帮助吗？能增进理解吗？我敢说不能，交流很快就会变味。那么，假如对方对你所有的提议都说“是”，对你有用吗？

说“不”推进谈判

如果“也许”和不假思索的“是”毫无价值甚至让谈判危机四伏，那么，你该怎么办？**谈判词汇中，最有力的是“不”！**“不”是决定，说出“不”字，便能引导出对方的想法。谈判双方可能会改变决定，但现在说并无大碍。说“不”，你就能向前推进，因为它使双方真正思考为什么会说“不”，你的大脑需要判断是接受还是拒绝。说“不”的人需要承担责任，作出解释。由此，就有真正的话题可以讨论，谈判就能继续开展。“也许”和不假思索的“是”做不到这点。“不”让你知道目前的处境，能让你提出有意义的问题（第6章中会讲述），让谈判向前推进。

关键在于，“不”才是谈判的开始，远非结束。可是，大家都害怕这个字。其实，礼貌地说“不”，平静地面对“不”，引导对方说“不”对一切谈判都大有好处。我在前言里谈道，说“不”并非要针锋相对。相反，它体现了坦率和诚实。引导对方说“不”就等于告诉大家：“在座的都是成年人，让我们理性地沟通，别急着要结果，别害怕失败。”说“不”让大家不再非要扮演最正确、最强大、最难对付的角色不可。说“不”也让你不再寻求安全和保障，不再讨他人的欢心，从而避免作出错误决定。“不”字向各位传达出这样的意思：“不要急于求成，冲动地说“是”。放松点儿！说个‘不’字，大家你不瞒我，我也不骗你。”

礼貌地说“不”不会得罪人。相反，它让人举止成熟（孩子这么做，可以让他或她表现得像个小大人），为良好决策铺平道路。多年来，我为各种各样谈判场合的人做过培训，可还时时感叹“不”字的神奇威力。

罗斯·佩罗（Ross Perot），世界级商人，1992年、1996年无党派总统候选人。他的大耳朵和“大嘴巴”（直言不讳）是出了名的。他用图表向大家解释经济问题，直言不讳地说希望美国选民不像政客们认为的那么蠢。他败给了比尔·克林顿，但给人们留下了深刻的印象。佩罗喜欢（可能现在依然如此）给商界人士讲一个故事：一个美国人想买一头骆驼，见到一顶帐篷外拴有六只，便停下了车。主人出现了，美国人指着其中一头询问价格。那牧人说：“噢，那是我儿子的，他的小心肝，我不能卖！”美国人就挠着头皮不知该怎么办了。他钻回路虎汽车，发动引擎，驾着车离开了。牧人在后面追，大喊：“你还可以买我别的骆驼呀！”

我同意罗斯·佩罗的看法：美国人不知道如何谈判。他们不想听“不”，不想说“不”，也错误理解了别人的“不”。可是，“不”字极为珍贵，它能控制住你膨胀的渴求！它能为你赢得尊重，帮你获取信息。说“不”不会把谈判搞僵，它会让大家理性地沟通。

“不”字帮你摆脱不良情绪和繁琐小事，让你专注于关键问题，作出正确决策。我们都想在谈判中理性决策，而不是被情感控制，白白浪费时间。

牛刀小试

找个机会练习说“不”。脸上带着笑，对某一无关紧要的事说你做不到或不赞同，而后鼓励他们努力说服你；或换一种做法，告诉他们你有一个想法，如果他们不赞同可以直说。向他们保证你不会生气。两种情况下，你都能迅速看到结果。

让对方说“不”

约翰，法律系一年级学生，想在纽约找一家著名律师事务所做暑期实习。跟其他优秀的法律系学生一样，他收到全国许多好公司的“求贤信”。当招聘者来到校园后，他确定有4家公司想进——不只是暑期实习，还可能在毕业后加入呢！约翰是一名优秀的学生，但不是班里最拔尖的。

他很担心这会影响面试结果。面谈开始时，他这样说：“先生，感谢你给我沟通的机会。在正式开始前，我想让你知道：我不是班里最出色的学生；我们谈完后，如果你觉得我不合适，请直接告诉我。我希望你能答应。”

约翰跟4个面试官说了同样的话。他们都很乐意地点头了。两个说他们很欣赏约翰的坦率，并很赞同他不愿花时间猜测结果的做法。四家公司都给了复试机会，到纽约复试完后，3家公司同意他实习。他选中一家，做得很出色，结果收到公司的邀请，要他毕业后来工作。他接受了，毕业后一个月就去那里报到做全职。

波兰一家潜在客户通过电子邮件跟我联系，他们要跟一家美国公司谈一项重要合同，正在做初期准备，想要我为他们做谈判培训。我称对方为莱什。前5封信是“试探性”的，我以一份建议书来结束这个阶段，并附上我的收费标准。莱什给我回了信。

亲爱的吉姆：

谢谢你的建议。可是，× 美元的培训费和其他开支让我们难以承担。我们想成为你的学生，然而，美国和波兰的人均国民生产总值（GDP）差距太大，你的收费对我们来说太高……我们现在的主要问题是如何推动谈判。我们计划10月15日去美国提交我们的方案。因此，我想跟你在电话里谈谈。如果你能帮助我们修改方案，大家就可以合作。如果他们原则上接受了我们的方案，接下来就是谈判，可能会持续一年，当中或许需要你的帮助。

请告诉我你的想法。

致敬

莱升

简而言之，莱什是向我的收费说“不”，同时要我让步，少收点钱。球被踢回我这边。我重新审视自己的收费，觉得即便考虑人均国民生产总值的因素，收费也是十分合理的。我很想参观波兰，因此有点儿动摇，但最终还是决定拒绝，不答应他。

我回了一封信。

莱什：

祝你一切顺利，祝谈判成功。祝好。

吉姆

以“不”还“不”。谈判就此结束了吗？他转身离开了吗？他被我气疯了吗？他被得罪了吗？没有，不会的！不到三个小时，回信就来了。

吉姆：

你考虑得如何？祝好。

莱什

他知道我说了“不”并拒绝让步，但还想请我再考虑考虑。我的“不”并没有扼杀谈判。我决定跟莱什说明实情：他面临的谈判很棘手，又有语言障碍、文化障碍，是需要耗费很多精力的。经验告诉我，要想让培训收到实效，他必须愿意付出。这一点，得付费之后才能看出诚意。人们总喜欢雇教练，但总不太愿意付钱，这是事实。付钱就等于付出。请不请我指导这场马上到来的棘手的、持久的谈判，莱什必须作出艰难的决定。如果他不愿付费（显然，这也是个艰难的决定），又如何做其他艰难的决策呢？所以，我的答案很简单：“莱什，不培训我帮不了你。”我就是这样做的。

好家伙。莱什现在从我这儿得到两个“不”字，还没放弃谈判。他下封信更是卖力劝服，写了不少，开头是：“吉姆，可能是我的英文不够好，表达不清。我没说不想请你培训，我是诚心诚意。”然后，他列出时间紧迫，谈判分两个阶段，其中还有一些复杂的股份置换。接着，他问我，在第一谈判阶段他们实际该怎么办，告诉我如何收费才合理。

显然，他是想让我分两个阶段收费。

我的直觉要我说“不”，可要当心情感捣鬼啊！于是我后撤一步，重新审视。我得出了相同结论，我只能接受最初的收费办法。同时我也很怀疑莱什要是连费也不愿付，又如何下决心接受培训。于是，第三个“不”就轻松出来了。我写道：“莱什，祝你一切顺利。不付费我没法参与。祝好。”

这是我最后的“不”字。如果我们有幸合作的话，莱什必须平衡培训和付出的关系。可他不理解这点。他的下封信又来了：“吉姆，再跟你谈谈。我想先付你前一部分钱，再付第二部分。第一部分稍后才能付，第二部分需等更久。祝好。”

他又来了一个“不”字。就这样，谈判结束了。我们没达成一致，我们永远也不会成交。莱什想分两次来付酬，我不干。在此过程中，我跟他是通过说“不”来弄清彼此想法的，这很重要。如果你回过头来看这些交流，会发现如果我们都用“可能”、“也许”，恐怕到今天还纠缠不清呢，并且不会比一开始更了解彼此。如果大家都说“是”，最后再来个“但是”的转折，也是白费工夫，没用。（莱什：“是的，但我想分两个阶段付。”吉姆：“是的，但我想看到你的投入，首先是按报价付钱给我。”）

说“不”就简单多了，没人怒气冲冲地离开。“不”字推动进展，让我们知道自己在说什么。

下面的案例，显示了说“不”的力量多么强大。

案例直击

大约12年前，我儿子吉姆大学毕业了，去空军飞行队受训前，他还有一段空闲时间。为了退役后能找到工作，他去了纽约的信诚证券公司（Prudential Brokerage），跟50名同事一起工作。上班第一天，吉姆就得到了一个推销模板，模板是这样的：“你好，史密斯先生，我是来自信诚证券公司的吉姆·坎普。我们向你这样的潜在投资者提供最优良的有价证券。我想同你谈谈金融产品，给你提供一些选择。你看，周二下午3时方便还是周三下午4时方便？”

相反，吉姆决定让顾客轻松说“不”。他这样说：“你好，史密斯先生，我叫吉姆·坎普。不知道你是否需要帮助，不需要请告诉我，我就挂断，好吗？……史密斯先生，你现在委托谁帮你理财？我来自信诚证券公司，想坐下来跟你谈谈，让你发现我们能为你做些什么。”

好吧，经理勉强同意了吉姆的那套说辞，但要他拿出成绩看看。吉姆的成绩确实不错，几乎是同事们的3倍。其实，他靠着搞定一名新客户就成了销售明星。

“我第一次准备拜访一位潜在客户鲍勃时，经理把我拉进他办公室，开始加油打气：‘卖给他一些债券，这种办法最容易钓来新客户！’可我的想法不同，我不想只为了卖出东西才见他。我会跟他一起研究，我能提供好的服务，他也能轻松说‘不’。电话中，我知道鲍勃已退休了，他投资很保守。他家比我想象的要陈旧、简朴。寒暄后，鲍勃同我坐在厨房餐桌旁。‘你今天想卖给我什么？’他开门见山。我说：‘鲍勃，不弄清你的情况，我没法向你推荐。先找找有没有什么契合点，如果没有，我就向别人推销，好吗？你愿意谈谈投资情况吗？’听完这番话，他脸上如释重负。”

“我不知道能否帮得上鲍勃。探讨很长时间后，我们一致认为他的投资策略不错，没必要调整。我们约定，如果情况有变，就联系我，然后告别。回到办公室，我被老板叫去，听他叫嚣：‘搞定那个客户！’他警告我：要想卖得好，就得更主动进攻。大概一个小时后，我正在打推销电话，有电话找我，是鲍勃。我第一反应是肯定有东西落在他那儿了！然而不是，他问我懂不懂转经纪人账户的ACAT表格。懂，当然懂！我禁不住心脏狂跳。然后，鲍勃说，他想把眼下委托六家经纪公司打理的投资全部转到信诚证券这边来。他说，我是唯一值得他信任的经纪人。我没强迫他，也没逼他成交。他补充说，因为不想频繁买卖理财产品，所以我赚不了太多佣金，但他离世后会让家人都找我理财。”

“这个客户会给公司带进1 000万美元的管理资金。好大的数字！要知道，当时的新客户能存入1万美元就很了不得了。通完电话后，鲍勃就转来600万美元。如果我一进他家就急着要他开户，或追求结果，遵照老板的指示一心想成交，那会怎样？如果我不给鲍勃说‘不’的机会，又会怎么样？他永远不会打电话来。”

这事给我儿子很大震撼，却完全在我意料之中。对说“不”的威力，我从不惊诧。

警惕“关系”陷阱

知道有多少人误用“关系”一词，结果让自己面临险境吗？我记不清听到过多少次：“如果不给折扣，别人怎么会选择我们公司？”真让人无言以对。他们不说“我们公司怎么变得更高效、兴隆，让别人愿做生意，从而赚取利润”，说的全是“怎么让他们选择我们”或“我必须搞好关系”。许多谈判者都想取悦对方，“挽救关系”，或不让对方太为难，这真令人震惊。想想吧，那位难缠的对手正跷着二郎腿等着妥协送上门呢！这种事情天天上演。在下面的故事里，维护“关系”差点使6个月长的马拉松谈判毁于一旦。

案例直击

这是一场艰难的谈判。卢和他的团队正试图跟亚洲市场的一位潜在经销商达成协议。在最后一轮谈判中，大家对所有条款都点头同意，只剩下价格还有些分歧。空气中已能嗅到胜利的气味，可危险就在眼前。经销商想让价格再降7%，卢跟同事们坚持不降，他们以各种各样的方式拒绝了对方的要求。中场休息时，对方的高层希罗走近肯——卢这边的普通员工，对他说现在的僵局会终止谈判。肯掉进了圈套。他告诉希罗，要不要跟卢说说，让他们中场单独谈一次，也许会有帮助。希罗夸奖道：“肯，你很看重双方的关系，这样做能解决问题，维护双方的关系，挽救谈判。我很高兴有人愿意让谈判继续进行，让双方保持合作。”

肯便去找卢和同事，问他们重回谈判桌之前愿不愿单独交涉。他告诉卢“实情”，降7%，便能成交。你可想卢的反应——别说7%，就是降3.5%，也会白白损失3 000万美元啊！卢当下就明白，自己犯了一个错误，不该留自己的新兵跟对方的“老姜”独处。这种事再也不会发生了！不管是肯还是别人。可是，面前亟须解决的是这次擅自妥协。该怎么办？卢清楚自己不会让步，他的立场很坚定，他的使命和目标绝不动摇。桌上的方案也白纸黑字写得分明，一分不降！

跟肯不一样，卢很坚定。恢复谈判后，他明确告诉对方，肯未经任何人同意，擅自作出“决定”，自己不认同。当然，如果6个月的谈判就此流产（我的话，非卢的原话），自己会非常失望。肯犯下一个严重的错误，如果希罗他们难以接受的话，自己可以理解。如果对方需要时间，可以明天再谈。希罗要求两周后再谈。双方各自散去。后来，希罗打电话给卢，说他考虑再三，决定按卢的条款签订合同。

永远不要替别人的决定承担责任。永远不要“挽救关系”。

无疑，在所有谈判中，你最易犯的错误就是主动让步，让对方不再为难，不做艰难抉择。用我的话说，你是在试图“维护关系”。千万不要从情感上、智力上、财务上或其他任何方面拯救对方，维护关系没好处。这种错误的做法会害了双方。怎么是双方？没错，你是救了对方，但你现在要对他们的决定承担部分责任。如果以后发生了问题，他们会怪罪谁？你可能听到：“哼，都是当初你让我们这么做的。你们开的条件太好了，我们难以拒绝，谁知道它后来不管用呢。都是你的错。我们再也不跟你们做生意了！”

替别人的决定承担责任不会挽救关系，反而会引火烧身，导致不必要的妥协。这种事时刻都在全世界所有领域内发生。我有一个客户丹，他在软件公司负责日常运营，向国内外的政府部门提供解决方案。有一次丹跟欧洲某大城市的政府顾问多莉丝交涉，以确保新软件的顺利安装和使用。可多莉丝不想签订书面合同。她蛮横地告诉丹，自己的话就有效力，自己从不俯身低头去签合同。她的原话是：“合同是为不值得信任的人准备的。”为了坚持立场，她还争取哈罗德的帮助。哈罗德是丹的同事，曾跟多莉丝一起工作过。哈罗德帮了她，斥责丹居然敢侮辱咨询界的名人多莉丝女士。

哈罗德不想破坏与多莉丝多年的友谊。因此，他不想跟同事站在一边，他不能很理智地说：“这是我们的制度。不签合同，我们就没法替你安装软件。”为了维护与多莉丝的关系，他变成内奸，让丹和整个团队冒巨大的财务风险。最后，经过努力，合同终于签了下来，随后又签了5个。这种工作上的合作，让双方的关系更密切。

听到“不”后，多莉丝的反应是不是很恶劣？是的。这跟我说的“不”能推进谈判，让每个人表现得更成熟、更负责任地作决定是否有矛盾？多莉丝不高兴听到“不”，这是真的。丹要求签合同时，她无法接受。在电话里，她一个劲儿地抱怨从未有人如此待她。她指责丹侮辱了她的声誉和诚信。她把丹的“不”看作不信任，她把这礼貌的“不”字看作对她的否定。或者，她是在故意激起丹的内疚心理？在我看来，像多莉丝这么反应的多是玩情感游戏。他们把你当做傻子，激起你的内疚，让你充满自责。当你内心恐慌时，就会不计一切地挽救关系。久经沙场的谈判老手总向怯懦的对手耍这套手腕。这没啥难度，因为倾向妥协的人会暗地认为（有时也公开承认），人们谈判是为了建立良好关系，谁也不想在离开时翻脸。

最典型的妥协心态是：“为了维护或搞好关系，我该付出什么？”长期以来，成功的企业谈判者发明出各种各样的词来强调关系的重要性，什么“伙伴关系”、“忠诚”、“信任”、“摒弃”傲慢的供应商等，全是情感炮弹。他们的真实意图只有一个——要你降价！在这情感火力的猛攻下，你很快就缴械投降了。

一位客户曾跟我说：“我跟他们的采购负责人是好友。”

“真的吗？那挺好的！”

“是的。我妻子跟他妻子也是密友。她们一起打网球。”

“真的？你们这样相处有多少年了？”

“五六年。”

“他负责采购有多长时间了？”

对方停顿了一下，“也是五六年。”

你和我都能猜到是怎么回事。一些公司的谈判人员故意采用旅行、野餐或其他手段同对方人员搞好关系，这样，当谈判陷入僵局时，这些就能发挥微妙的作用。这样做没错，但有时也很危险。想想吧，许多谈判者对初识的人都不愿说“不”，更不用说拒绝好友了。

尊重胜于友谊

所有冲动之下想拯救关系的念头和做法都大错特错，因为它们不仅带来糟糕的谈判，还让对手根本不想当你的朋友。你是不是想都没想过会这样？本章开头，我说人们喜欢受欢迎，不想伤人感情，不愿对人不近人情、冷漠、傲慢。同样，我们也不高兴别人这样对待我们。可是，这并不等于得跟人人都做好朋友。对商界人士和各行各业的谈判者来说，能干和值得尊重比友谊更重要。

你想没想过，那些大老粗是怎么做的？为何他们中的有些人比一般人还成功？甚至能爬到最高峰？这些人并没有改变粗野的举止，可是，他们擅长工作，让人乐于合作，从而在很大程度上掩盖了自身的缺陷。你可以想一想，你是愿意跟一个讨厌但能干的人打交道，还是跟一个无用的老好人打交道？友谊跟作出好的商业决策与谈判决定有什么关系呢？没关系。谈判中，你需要始终表现得彬彬有礼，尊重他人，这是必须的。但是，这样做并非为了寻求友谊、讨人喜欢或感觉自己很重要，也不是替对方的决定承担责任。多数商务人士，如果细想这个问题，就会大悟：**生意场上的友谊，其实是长期有效合作的副产品**。把决策建立在友谊上是错误的，其实对方更希望你高效、能干。

所以，你为何要给商业关系强加上如内疚等情感包袱呢？它们是“友谊”的副产品吗？这样做是不管用的，没有丝毫好处的。协议若是出于正确决策，那么，不管双方的人私底下打不打高尔夫，合作都会长期、良好；若非这样，那么不管你们一起打多少次高尔夫，都不会有长期合作关系！

牛刀小试

找一个机会跟对方说：“詹姆斯，朋友是朋友，工作归工作。现在，我更希望你尊重我，你可能也这么想。我也尊重你。所以，我就不拐弯抹角了。公司不允许……”你相信吗，詹姆斯会坦然接受你的拒绝。

做错决定怎么办

人们不敢说“不”的另一个原因是害怕作出错误决定。这是人类的劣根性，它跟害怕失败的恐惧交织在一起，从根本上影响整个决策。谈判新手和软弱的谈判者认为，说“不”是个难以纠正的错误决定。学校里，孩子们都怕回答错误，遭遇尴尬，引来哄堂大笑。在商界，人们也怕说错，害怕作出错误决定导致谈判破裂，丢掉饭碗。其实，对错误决定的不必要的恐惧正是对作出正确决定的最大障碍。

我不知道该不该……

要是别的决定更好呢？

我不知道，事情看起来太顺利了。

挺容易的，也许我能争取更多。

他们在搞什么鬼，为何这么爽快？

他们知道的哪些我不知道？

这不可能对！

全错了！我该怎么办？

以上和其他诸多疑虑都证明谈判者怀疑决定，害怕犯错。如何摆脱这种恐惧？我问你：“真的作错决定，又会怎样？”飞行员们会众口一词：“飞行就是一系列不停的决定，多数是错的，但必须纠正。”训练中，飞行员就是要一直作决定，然后一一纠正。

想成为有效的决策者吗？只要作出下一个决定，然后再作一个，再下一个。谈判就是一系列的决定。**当你作出一个错误决定时，只要再作一个正确的就能把它纠正过来。**

明白这点，你就轻松了。你就能正视错误决定，从中学习，把失败踩到脚底下，无畏地向前。这种态度和做法需要一个人有自制力且自信，因为多数人都愿意“不出错”。“不出错”是一种强大的需求，跟其他需求一样，必须克服。

案例直击

迈克，泽特数据通信公司的高级副总裁，面临了棘手的情况。3个月来，名列世界100强的特勃公司的讨债人堵在门口，要求赔偿，因为泽特公司供应的配件有缺陷，更换花了巨额资金。迈克的下属研究了对方的支出单，算出应赔偿370万美元，便告诉对方会拿出解决方案。

迈克很吃惊，很愤怒，也很失望。我们不是有保修卡吗，他们干吗用过了保修期的产品？凭什么说泽特公司欠特勃的钱？我们全面履行了合同，并拿得出证据。约翰，这事的主要负责人，跟迈克解释，讨债人认为即便是无理要求，损失也得由泽特公司承担，否则，泽特就会失去他们这个客户。约翰还说，他已向对方承诺，会尽快支付。如果公司不愿掏钱，自己就会非常尴尬。公司形象也不会好看。这很考验迈克。他选择了立刻让副总裁拉里接替约翰，重新开始谈判，摆平所有问题。拉里立马着手新任务，要求跟卡伦会面，对方正负责特勃公司的索赔事件。卡伦拒绝相见。她要求拉里拿出赔偿方案，因为这是约翰许诺的。她在邮件中这样写道：

拉里：

我跟公司的高管探讨过，大家认为现在无需安排高层会面。泽特的人跟我们副总裁和总经理已见过多次，没能拿出一个解决方案。我希望你能拿出方案，赔偿给我们造成的损失，具体数额我们已向你们申明多次。这次产品故障是由你们的配件造成的，我们希望贵公司担起责任。请给我具体的回复日期。

卡伦

很好，一个硬邦邦的“不”字，第一回合结束。拉里等了两天，又要求跟卡伦会面，他说：“我们换了新人来处理这件事情，如果对情形不了解，如何拿出方案？”轮到卡伦听“不”了。多个“不”字，多了信息交换，多了个决定。这次，会面敲定了。卡伦认识到，换了人，前任所允诺的方案也没了，需要重新谈才可以。

会议开始后，拉里向卡伦明确表示，泽特非常想与特勃搞好关系，但并不打算拿370万美元去买。于是，他千方百计地询问、打听和收集信息，并承诺稍后再碰面时会解决问题。事实上，拉里手中现在有充足的证据，足以证明泽特不欠特勃一分一毫。因此，特勒要求赔偿简直荒谬至极，肯定是内部有人在捣鬼。他要求迈克安排双方最高层直接见面。迈克做到了，果然，事情正如拉里所料，特勒公司不让卡伦再管这事。很快，他们又签下1.8亿美元的采购单。这全在于迈克作了糟糕决定之后，不怕再作“下一个”决定。这个决定正是“不”。

我喜欢以可口可乐为例来说明“下一个决定”。几年前，可口可乐公司改变了配方，向市场推出“新可乐”。我们都能想象，需要花多少时间、精力和市场调研来支持这项重大决定呀，它可是地球上最响当当的品牌！然而，决定错了，错得一塌糊涂！多么致命的决定，可这并非世界末日。当消费者齐声喊“不”时，公司又换回了老可乐。（当初的决定会不会是一个极其聪明的市场策略呢？我听到过这种说法，用新可乐代替老可乐是为了提醒我们老可乐有多好喝。不管是怎么回事，蠢举也好，策略也罢，结果却是好的，因为销售被刺激提升了，资本也增长了。）

另一个我喜欢讲的例子是微软公司。他们犯了致命的错误——轻视互联网。当比尔·盖茨意识到这点后，他对拥有1.5万名员工的公司大刀阔斧地进行改革。90天内，微软的每个部门都确立了网络发展的使命和目标。不管你喜不喜欢比尔·盖茨，都得承认，他的领导力确实非凡！他不会坚持错误决定，一错到底，或不作决定，不作为。

谈判敢说“不”

在谈判中，要愿意说“不”、愿意听“不”。别怕这个词，要热烈欢迎它。如果你不情绪化，就不会把它当成对你的拒绝了。要知道，所有的“不”字都可以变成“是”字。当你打心底接受这条法则并明白“不”包含的坦诚和力量后，你就会摆脱情感控制，理性地作出谈判决策。你会成为更出色的谈判者，不再担心是否伤害某人感情，不再去挽救所谓的关系。

你说“可能”或随口说“是”，并认为这解决了问题，因为谈判还在继续，你也没说刺耳的话。真的吗？这是双赢吗？不！是“双输”！

问问自己，说“可能”和阳奉阴违的“是”字，你到底解决了什么问题？它们没有推进谈判，它们在浪费时间，而你还陷在双赢心态里，迟早要当牺牲品。

如果你不能接受“不”，就会切断沟通的桥梁，终结所有的谈判。要想谈判成功，没有什么比一开始就能明确接受谈判中的“不”字更重要（这一点很绝对）。你不要把“不”当成对你的拒绝，它是对方的诚实决定，可以商讨甚至扭转局面。

面对经验丰富的谈判老手，你需要付出很大努力才能做到这点。可是，一旦说出“不”，听到“不”，你会惊讶于谈判桌上凝固的气氛立即松动了。如果对手很精明，久经沙场，可能故意发怒，要脸色，说你不值得合作、无能、不讲道德，因为你不乖乖上套、点头同意。私底下，他们却会对你由衷佩服。如果对手很嫩很软弱，他们就会更坦诚布公，也更愿意诚实地对你说“不”。你也会在接下来的谈判中坦诚地对他们说“不”。当双方既愿意说“不”，也愿意听“不”时，障碍瓦解了，信任攀升了，每个人都感觉更舒服，变得更直率。大家都是成年人，应学会坦诚相待。

长远来看，“不”字是最安全的回答。它不会损害而是会加强合作关系。你想要的是经得起考验、生命力强、能让你向前发展的协定。要想签下它们，就得自己说“不”，引导对方说“不”，并乐于听“不”。

3分钟小贴士

如果你急于求成，就很难说“不”，很不愿听“不”。先看自己是否太心急。

如果你满心想的全是无法控制的结果，那么同样很难说“不”，不愿听“不”。

在谈判开始之前，你真的准备好了发自内心地说“不”、听“不”吗？如果答案是“不”，那么取消会面。

第4章

恪守使命和目标

让对手心甘情愿配合你

2006年，美国波音公司竟然拒绝向其最大客户西南航空出售飞机，他们经历了怎样的心理斗争？

吉姆·坎普是如何让他9岁的儿子学会拼写？

Rooting Your Mission and Purpose in the World of the Other Side

许多次，我让别人说说他们的使命和目标，结果听到：“嗯，我想成为百万富翁”“我想创建团队”“我想成交”“我想得到那份工作”。真令人惊讶。这种说法太常见了，你会发现，它们既非使命，也非目标，而是个人无法控制的最终结果。长远来看，这种“我想”要钱、要权的话语对谈判无益，因为对方才不管你想要什么。把使命和目标跟钱、权混为一谈就大错特错了。对方想知道你能给他们带来什么好处，因此，你的使命和目标必须以他们为中心。在公司里，营销人员炮制出无关痛痒的目标和使命，并写进年度报告，这无异于浪费时间，若对实际的决策无用，则有害无益。现在，你必须摆脱这种自欺欺人的心理状态。我教你的是有用的使命和目标，它们能帮助你作出决策。其要点是：**在所有谈判中，你的使命和目标必须对对方有好处。**

若你是推销员，那么使命和目标就不是卖掉 1 万件产品或赚 500 万美元。这是你的事，对客户没任何好处。有效的使命和目标最要紧的是能帮你决策。它可以是向客户提供可靠的（若不能是世上最好的）配件，帮助他们赚取利润，保持竞争力，占据市场份额，以期更大的发展。看到两者的不同点了吗？现在你在意的是他们的利益。你没再追求你想要的结果，因为那是你无法控制的。可是，你对你的配件品质完全可以控制，它的价格也由你决定。使命和目标也在你掌中，它们属于你，由你根据需要调整。

我们都知道零售业的一句名言："顾客至上。"我想知道，有哪家零售公司不这么做，却能繁荣很长时间？没有。因此，有些领域的公司如计算机行业前景很值得忧虑，他们只顾利用眼前的市场热潮，不注重搞好客户服务。他们用语音电话代替人工解答，无休止地推荐介绍，让人着急，怒由心生，他们的网站居然也不留电话。给他们发邮件，你会收到自动回复，然后再没音讯。他们的技术支持是张图表，需要你折腾个把小时才能解决一个小问题，其实那在电话里两分钟就能搞定。当市场遭遇寒流时，这些公司便会傻眼。**大浪淘沙，总有人胜出，有人失败。**我相信，那些真正为顾客着想的公司，会最有生命力。

创建使命和目标 4 步骤

创建使命和目标不难，但需要你努力。关键是打开思路，清楚、完全地了解你的业务和谈判目标。

步骤 1：拿出一张纸，或新建一个电子文档，列出你的公司、产品、服务或其他业务的全部特色。如果你卖配件，就需要列出配件的品质、使用寿命、可靠性、口碑等要点。放开思路，列出所有你能想到的，全面一些。如果你采购配件，就需要帮供应商扩大市场，增加销量，或定期消化库存。

如果你正准备去学校见老师，因为近来小孩的数学成绩下滑。你的任务是支持老师的补习计划，雇个家教或每天监督孩子。如果你是老师，你就应该提供完整的补习计划，在教室看着约翰尼做作业，及时跟家长沟通。

如果你正跟一位买主交涉，想卖给他一栋房子，附带美丽的庭院。你很清楚，这院子很需要人照料。那么，你会把这点列出来吗？这次也许不，下次再讲吧。

花点时间，列出单子，改天再回头检查。当你确定列全了以后，就进行下一步吧。

步骤 2：逐条分析你所列清单的特色，写下于对方有益的地方。益处不见得一一对应。一条特色可能有几项益处，或几条特色有同一益处，又或者特色本身就是益处。不要顾虑，尽管写全自己能想到的所有好处。

关键是看清你能提供什么。你能为他们解决什么问题，对他们将来有什么好处？如果你是房主，想请人维护草坪，可能想找熟人推荐——口碑就是服务的保证。所有谈判各不相同，它们绝不像乍一看那么简单，关键是弄清你能给对方提供的全部好处。

根据我的经验，很多人常常忽略能给对方的益处，现在我们很高兴去发掘。是的，谁不喜欢这么做呢？

步骤 3：给特色和益处排序。在谈判中，哪些益处最能打动对方呢？你要再一次换位思考。如果老师最担心约翰尼学不会长除法（数学中一种除法运算，通常当除数为大数时使用，在运算中每一步都需写出来。——译者注），你的监督、帮助就得排在第一位。如果老师最担心约翰尼不好好听讲，帮她管束就得排在第一。如果潜在购房者盛赞院子很美，但他是个狂热的美食家，更愿整个周末围着灶台转。那么，你作为房产经纪人，虽不想忽略院子，但肯定会把配有维京厨具（Viking，美国著名的家庭厨具品牌。——译者注）和冷柜的厨房排在第一位。

步骤 4：现在，你可以根据最终排好的“特色—益处”清单来确立使命和目标了。考虑你的长期任务和责任，即让对方受益，你会做什么、提供什么等。为让对方受益，你会朝着哪个方向发展？

让我们以配件供应商为例，“特色—益处”清单应该是这样的：

	特　色	益　处
1	技术最新	速度高 / 耗能低
2	耐用	无需经常保养 / 使用寿命长 / 经济合算
3	本地制造	运费低
4	可拆卸外壳	节省维护成本

如果你卖配件，你对客户的使命和目标就不应是“清空积压”，因为存货再多跟客户没关系。正确的表述应如下：

提供技术最新的配件，运转高效，耗能低，不需经常更换和维护。当地制造，确保及时送货，运费低廉。

如果你是配件买主，提出来的特色和益处就应如下：

	特 色	益 处
1	稳定的客户群	生产安排可控
2	良好的技术支持	具研发优势
3	货到付款	现金流充裕
4	信誉好/品牌响亮	终端用户市场反应好

因而，你对供应商的使命和目标描述应是：

通过向稳定客户群推广该品牌，使供应商占据市场份额，成为行业领先者。同时，用技术支持推动供应商的研发工作，以增加未来的市场份额。再者，保证及时付款，使供应商资金充裕。

面试职位时，你的使命和目标应是：引导雇主发现、利用你的优势，强化自己的队伍。如果你是一位政治家或其他领导者，你的使命和目标必须符合民众的利益，你的政策和规定应给大家提供实现梦想的机会。你的目标不是你想得到什么，而是让大家理解你和你的价值观、信仰，以及你能为他们所做的事。那么，本书的作者吉姆·坎普呢？我的使命和目标是让你发现："学习和使用'不'的策略，能提高谈判胜算！"作为培训师，我向学员提供实用、高效的策略，它们符合我的使命和目标。

谈判中，你的使命（你的任务和责任即你要做什么）和你的目标（即你要成为什么），这两者要深入地兼顾对方的利益。

当你创建自己的目标和使命后，记住：**简洁的才是最好的，写下的才是牢靠的！** 写下会怎么样呢？想法变成墨迹会被强化，实现的可能性也会加大。人心是神奇的工具，但有时会失去发力的对象。重要的事总有必要写下来，这并非多此一举。所以，拿起你的笔，或敲动键盘。（我个人认为，用笔写更好，它会让你慢下来，全神贯注地写。你可以试试。）

还要记住：**你或公司会有不止一个使命和目标**。跟不同的人谈判，使命和目标也不尽相同。谈判中，你还会有不同层次的使命和目标，以指导当时的决策。对于复杂、关系重大的谈判，我要求客户哪怕给对方打一个电话，也要事先写下使命和目标。这绝不是开玩笑。

你的使命和目标能改变，甚至可能是必须改变。乍一听，这跟前面讲过的全然矛盾，可是，若特色和益处变了、市场变了、顾客变了，你的使命和目标也要随之改变。假如你是一位水管工，当业务重点慢慢从民宅转到商用写字楼时，使命和目标就必须改变。想想吧，互联网对电话公司、目录公司、广告公司的产品和服务有多大冲击！事实上，它已经改变了我们大多数商业运营的使命和目标。

我，作为谈判专家，跟许多自由职业者、个体户及小企业主打过交道，他们认为自己的使命和目标很明确。事实并非如此，他们并不明确，他们的处境也不利。在工作和谈判中，他们就像雇员面对跨国公司那样，处于极大的弱势地位。他们必须立即改变。

很多人在工作中不开心，是因为使命和目标错了：“我想 21 岁前赚到 100 万元”。或者他们根本就没有使命和目标，或者他们只是服务于别人的使命和目标。其实服务于别人也没什么错，如果你明白自己在做什么，并把别人的使命和目标当成自己的。可是，如果你根本就不知道自己是在帮别人实现使命和目标，那就是很可笑的错误。出现这种情况在于你自己没有使命和目标，并且想都没想过什么事正在发生，这就是你工作不快乐的根源。

我认识一些律师、医生、飞行员、机械师和其他行业的人，他们给我的印象是，他们虽然没有亲口说出，可但凡有办法赚到同样的钱，便会立即放弃现有的工作。我很乐观或天真地认为，如果他们愿意认真思考和寻求答案，以创建起自己的使命和目标，便会赶走大部分的烦恼。

坚定、有效、专注于对方的使命和目标会给你明晰的指导。它让你理智、有效地思考和决定，尤其是决定说出“不”字。如果没有明确的使命和目标，你怎能保证不偏离正轨呢？当你拥有并坚守正确的使命和目标时，又怎么会偏离轨道呢？

不要一头扎进事务中，如周一早晨开销售会议，打电话问候现有客户，跟儿子探讨今年该上哪个暑期班……花点时间想想使命和目标，想想能给别人带来什么好处，想想你的任务和责任：你将要做什么，长远目标是什么，你想怎么样，并让销售人员、客户或你儿子知道他们会受益。多加练习，慢慢你就会发现，对别人有益的使命和目标作用巨大，在指导行动和决策上也极具价值。面临不同情况时，你会本能地审视你的使命和目标，直至这变成习惯。这很重要，能带给你无限的收获。

使命和目标的惊人力量

使命和目标的最大作用是可以帮你摆脱不良情绪，尤其是帮你加强对需求的控制。当对方的威胁、要求、期限、讽刺、假话、空头许诺以及其他种种向你袭来时，使命和目标会成为你的“导弹防御系统”，把它们统统弹回。我真的很想要，可我有坚定的使命和目标，而这个决定不符合我的需求。所以，我只有平静地说“不”。如果是对方说“不”，没关系，你可以继续根据自己的使命和目标去做。

案例直击

约翰是一种特殊空调设备的专利发明人，他发明的空调可以冷却移动电话信号发射塔里的感温装置。该感温装置在美国西南部的炎热沙漠最易损坏，所以约翰就把小公司设在那里。一天，他收到中东一家大型手机生产商的询盘。那个地区有很多沙漠，也有很多钱。若能拿下他们的订单，约翰的事业会一飞冲天，甚至从一家私营小公司摇身一变成为跨国上市公司！前景真的很诱人！可约翰清楚，他得小心行事，不能表现得太外行。

他开始创建使命和目标。他花很长时间比较自己的发明和市场现有设备，以确定如何定价。现在，他开始思考这项发明的特色和益处——帮客户保护昂贵的远程设备，使之正常运行，减少维护，从而提升投资回报等。当然，他还提到要进一步研发，将来提供更好的空调设备。另外，他也没忘研究客户的情况和产品销售区域。

中东公司的领导认为，约翰的公司这么小，这份大单会让他欣喜若狂，极度渴求，因此，让步是意料之中的。他们拦腰砍价，并要求种种好处，包括在美国以外世界各地独家使用该技术等。要求既多又过分，可若真能成交，对约翰的小公司也十分有利。中东公司深谙此道，并认为钞票会让约翰忘乎所以、无视未来，因为许多商人都这样。他们不知道，约翰有坚定的使命和目标，并清楚明白该发明无可比拟的优点以及对客户的价值。简单说吧，该空调设备是目前能买到的最好的，价格合理，但专利权不卖。

只有符合使命和目标的条件才能成交。没有任何例外，不管多么诱人，眼前的中东公司也一样。所以，约翰对他们说“不”。对方很生气，更改了要求，约翰还是说“不”，当然，说得很礼貌。两周后，对方要求在美国见面。六周后，他们同意了约翰开出的条件。交易达成，采购金额很大，约翰的小公司飞速发展为成功的上市公司，在全球开展业务。

渴求没让约翰胡乱决定，发怒、威胁、要求也没让他退缩，因为使命和目标给了他力量。你最好也停一下，深呼吸，仔细考虑每场谈判以及你的整个事业。

短期看，坚守使命和目标必须付出代价，因此，许多人遇到点困难，便动摇放弃了。可你知道吗，有多少艰难的决定会让你在未来受益无穷？

案例直击

2006年11月28日,《纽约时报》的头条新闻攫住了我的目光:“波音不怕说‘卖完了’”。报道如下:“拒绝最好的客户并非聪明的商业策略,可今年,波音公司就向西南航空说了‘不’……”

波音决定不再重复20世纪90年代的错误,即销售超出安全生产限度,以致40亿美元的订单被取消、经理们被解雇、两万名员工失业、利润下滑、股价暴跌……总之,景象一派惨淡。历史绝对不会重演。波音民用飞机集团(Boeing Commercial Aviation)总裁斯科特·卡森(Scott Carson)告诉《纽约时报》:“市场炙手可热时,买家拥上门来,很容易情不自禁地答应卖给人家,结果把生产能力逼到极限。这个时候,说‘对不起,我们卖完了’非常困难。”

想想吧,波音在跟最大客户说“不”之前,内心斗争有多激烈!可很显然,新生的它要坚守住使命和目标,切实履行好所有销售协议。斯科特·卡森还说:“我们现在比1997—1998年时还要自律。简单说,就是不要贪多,不要超负荷生产。”长远看,把使命、目标放在第一,愿对西南航空说“不”,这会让波音、西南航空,以及其他所有客户都受益良多。

比恩,一位越战后随父母来到美国的儿科护士,她想攻克婴儿猝死综合征,便发明了一种配有感温装置的衣服。这种衣服可监测婴儿睡眠体温,让大人随时了解婴儿的情况。多棒的发明啊!可比恩却面临难题:她可以立刻把它推向市场,赚取钞票;或申请专利,保护这项发明。她肯定需要后者,可申请专利既复杂又费钱,须花去一生的积蓄,并要等上三年五载才知晓结果。许多人更愿意“趁早赚钱”,可比恩有自己的使命和目标,知道自己想要什么以及肩负的责任。所以,她怎么能不保护发明呢?不能。正是使命和目标给她信心和耐心,让她等到了专利被批准的一天。

在前面我曾提过那个背负可怕合同的公司，他们每单出货都会带来相当大的损失，而且不计生产成本。（在我的经验中，这种情形是罕见的。通常犯这种错误的谈判者应该被扔到洗衣店去洗洗脑子。）陷入麻烦一方的首席执行官致电对方首席执行官说：“与你们谈判时我们犯了个大错，可能你当时就察觉了，但我没有。现在我知道了，我们该怎么解决呢？”是他的使命和目标给了他这么做的信念。

创建使命和目标是“再谈判”的第一步。这家要求“再变判”的公司，仅为了“再实现利润”吗？不是。人人都想让公司赚钱，可是，若不改变糟糕的谈判，公司就没法存活。在谈判中，公司的全盘改变就是带给顾客好处，同时，也要确立这样的使命和目标：**让对方公司高层管理对我们刮目相看。我们要振兴起来，成为最好的供应商，提高效能，让客户受益。**

有了这样的使命和目标，公司还会做赔本买卖吗？不会。一些谈判老手认为打电话要求重新谈判是很丢脸的，他们错了。既然这个电话符合他们的使命和目标，那为什么不打呢？有使命和目标在心中，你就可以坦然地告诉对方负责人：“上次我们谈得很糟，我们要求重谈。”

房地产经纪人和买主打交道时，使命和目标是要帮卖家看清目前的条件，买下来就安心了，能长远受益，因为这真是一处好房子。这么想时，你是急切地想成交呢，还是给对方说“不”的机会？

水管工的使命和目标是让建筑商看到他能提供专业服务，使用高质量材料，保证按时完工等。作为熟悉各种旅行网站的旅行社工作人员，你的使命和目标是让顾客看清你的专业知识、经验和对细节的关注，以让他们享受愉悦的旅行。记住这个，你就不会总在新顾客面前攻击某些网站，而是说它们对想省钱的游客很管用，遗憾的是没法提供实地服务。

几乎每周都有人问我：“使命和目标法”对孩子有用吗？有的。我的孩子就是一个证明。

大师手记

吉姆是我的长子，他讨厌拼写，并认为这不要紧，由此，常常因“不听话”而挨骂。当时他快九岁了，我决定引导他看清楚其中利害。一天，我温和地把他叫到身边，说：

“孩子，跟爸爸聊聊。我问你几个问题，你想想再回答，好吗？”

“好的，老爸。没问题！”

“嗯，那——你将来想当什么？现在先想一想，以后还可以改变主意。要是想当什么就能当什么，你会选择什么？”

“啊，想当什么就能当什么？”

“是的！”我肯定。

“嗯……老爸，我还没想过！”

“没关系。现在想一想啦！你可以自己选择。”

“嗯……我不想像你那样当飞行员，还是当棒球运动员吧。”

“好的。现在我再问，如果你不够格当一名职业棒球运动员，虽然你打得不错，可竞争很激烈呀。或者你受伤了，不能呆在职业队里，那么你想干什么？”

“天哪，这可真难呀！”

“别怕，好好想想，你觉得干什么会好玩？”

“如果打不了棒球，我也许会教学员们打棒球吧。”

“好的。现在，你是老师了。你想让其他教师、家长和学生怎么看待你呢？你觉得他们的尊重重要吗？”

“当然！我想让他们尊重我。”

“好的。那他们为什么要尊重你？别人会怎样评判你？你连拼写都不愿拼好，别人会怎么想？他们也许会说：这人是从哪儿来的？他有文化吗？是谁聘他来的？他知不知道自己拼错了，或者他是以错为荣？就是这个人教我的孩子？”

我停下来，吉姆不说话了。我问他：“你明白我的意思了吗？”

我知道，要孩子看清长远很难，但只要循循善诱，他们是能看到的。如果你坐视不管，没有计划，拿不出想法，会让情况改观吗？用委婉温和的方法，会激起他们对你的反抗吗？不可能！

本质上讲，我是站在孩子的角度跟他谈，引导他写下学习的使命和目标。我跟孩子都进行“坎普家式思考”——考虑使命和目标。我还允许他们说“不”——当然，他们会充分利用这个机会说：“不，爸爸，我不想这样。”跟孩子探讨使命和目标会让他们惊喜地发现自己有价值，做事胸有成竹，并不自觉地按父母的期望去做。吉姆写下学习的使命和目标后，学会了拼写，虽然内心很不情愿。结果，高中时他就被选进国家荣誉协会（The National Honor Society），直升卡内基·梅隆大学（Carnegie Mellon University）。不久前，他刚作为机长（他还是当了飞行员，而不是职业棒球运动员），在伊拉克完成了 50 次飞行任务。

如果没有坚定的使命和目标作指引，会怎么样呢？我的朋友鲍勃，房地产开发商，几年前在地方委员会那儿碰过钉子。深入分析时，他的问题就浮出水面——没有符合对方利益的使命和目标。他没有好好想过自己的开发对那个委员会及当地有何好处，如贡献更多的税收，从而援建学校等，也没想过具体需要做什么，以把好处落到实处。他认真想时，就打开了另一番天地，远景明朗了。依托使命和目标，他让那个委员会看到了光明灿烂的未来和计划一步步实现的过程。

今天，商界非常强调“团队工作”，因此，在谈判前使命和目标必须统一。否则，就众说纷纭，缺乏一致。托德是我们的培训师，他陪同一位来自世界 200 强公司的新客户参加了为期 3 天的高难度谈判（当时尚未开始正式培训）。整整 3 天，他缄口不言，只是在观察，记录。他亲眼看见这支 12 名人员组成的世界级（理论上的）谈判队伍是如何分崩离析，他们总是互相推翻。首要问题就是大家缺乏共同的使命和目标。这些人拥有世界上最出色的才华，最聪明的脑袋，可没有指挥棒协调他们的行动、做法和决定。**没有使命和目标，就会成为一盘散沙。**

谁能想到公司的首席执行官也会轻率地毁掉公司的谈判呢？你不知道，他们中有很多人不直接参与谈判，不知道自家谈判队伍的使命和目标，却爱横插一杠，作出极其糟糕的决定，比谈判人员做的还要差。

我曾培训过本迪克斯公司的人。他们参加一个漫长、棘手的谈判，做出了诸多努力，却离对手要求的价格太远。对方的头儿给本迪克斯的首席执行官打电话，这边立即答应打 8.2 折。他没问过自己的谈判队伍，也不知道己方的使命和目标，便因为急于求成而作出了荒谬的决定。

再回头看看发明大王爱迪生，灯泡不是他发明的，但被他改进。他很清楚，没有电灯，人们就不知道电能巨大地改变生活。在研发初期，没人“看到光亮”，他从自己的腰包大把大把地掏钱，购买使用权和专利，并雇来英国物理学家约瑟夫·斯旺（Joseph Swan）跟他一起研究。爱迪生自己出钱在纽约装了发电机，给街区接上电线，这样，大家就能目睹电的神奇力量。爱迪生创建了哪家公司呢？通用电气（General Electric）。它的口号是什么？“GE 带来美好生活”。其中蕴含着坚定的使命和目标：**担起责任，始终专注地服务顾客！**

我经常看到人们将大把的时间和精力花在无关紧要的一些小事情和问题上：

> 我有没有得到最多？
> 我是不是该做得更好？
> 我该出多少价？
> 我希望自己别太强硬。
> 我希望自己别太软弱。

类似表述，我能列出好多页，你也是。列出以后，你就会轻松，不再忧心忡忡，瞻前顾后。你有使命和目标在胸，就能摆脱不停劳心费神的胡思乱想，轻松面对谈判。你不会再花一分一秒去想你将要签或刚签过的协议是“双赢”、“你输他赢”、“他输你赢”还是“双输”，因为想下去毫无意义。你不会再想自己赚的多了还是少了，出价高了还是低了。大家都希望要的最多出的最少，因此爱不停琢磨。为什么不要求他们打 8.1 折呢？作为买家，你后悔不迭。给他们打 8.3 折？作为卖家，你也心痛得要命。其实，你们真正应该明白的是，打 8.2 折是否符合各自的使命和目标。

多花时间，多加训练，你就能清楚自己的使命和目标。它是一座“灯塔”，帮你看清自己，看清自己的事业和整个人生。当一切都清晰明朗时，你的谈判生涯也会完全被改变。

3分钟小贴士

对这次谈判、会面、交谈，你有使命和目标吗？若没有，赶快停下，别再向前，先确立好你的使命和目标。

如果确立了使命和目标，默念几遍，谨记于心。必要时，给别人看看，听听建议。

你愿意时时遵从使命和目标的指引吗？若不能，马上停下，甚至取消会面，别打电话。

NO!

第5章

如何得到我的游船

愿景引导决定

吉姆·坎普一直想有一艘游船，可是坎普太太一点都不感兴趣，他该如何说服太太？

泰克西公司把出价从2 000万美元升到了4 300万美元，为什么对方竟然连句话都不回？

How Vision Drives Decisions

对方是为自己的利益谈判，而不是为你的利益，这点十分明确却常被忽略。这也是你的使命和目标必须植根于能给对方带来利益并帮他们解决问题的原因。

同样，对方也是站在自身的立场上作决定，而不是你的。最重要的是他们能看到结果，所以必须让他们看到与你谈判带来的好处。使命引导行动，目标增强愿景。对方的愿景可推动有效决策，并达成协议。

事实上，愿景引导你的所有行动，不论是决定买、决定卖，还是决定签协议。没有愿景，就没有决定。譬如说，你为何想要这栋房屋，这座心形游泳池，这艘船，这顿晚餐，这个协议，这份工作，这所大学，甚至这双袜子？不管哪种情况，都是出于某种愿景。有的即便与愿景关系不大，但多少总有一些，即便是买双袜子，你可能觉得它柔软、舒服、温暖，能保护脚不起泡，穿着潇洒，等等。不管怎样，就是这种愿景驱动你决定买下这一双袜子而不是别的。

大师手记

我的妻子帕蒂是我生命中的至爱，她非常容易开心，只要我能满足她的梦想。游说她同意为家里买艘游船，是我的使命和目标。我一直想有一艘漂亮的新游船，可她不这样想：“那么就买艘二手船吧，拣漂亮点儿的，价钱低得多，万一我们不喜欢经常乘它出游，也不会太后悔买了它。”帕蒂同意去看船。结果，我看的全是真正漂亮的新船，她看的全是二手的。我看的是要价合理，性能安全，她看的是便宜的破烂货。我看的是将来钓鱼的快乐，她看的是满身鱼腥的脏船。

她一点都不想买船。她对二手船不抱什么美妙的幻想，因此她的决定是“不”。

我没泄气，开始悄悄地在网上搜集研究新船的信息。我找出有哪些游船，多少钱，并选出帕蒂喜欢的类型。但我守口如瓶，也不给她看那些图片。我只是买了些游船杂志，扔在家里四周，这样她也许会翻翻，看到某艘喜欢的船。简单地说，我是在帮她构筑愿景，让她看到她心中向往的游船。正如所料，她开始浏览那些杂志，并看中两三款她认为不错的新船。一天，她宣布，如果我们买游船，就得买至少有三个卧室、两个浴室的，这样，在我们的远征航程中，儿子、女儿和孙子就能和我们一起在足够大的“移动之家”里了。太好了！进步很大啊！她开始看到自己的船！

我们去看克利夫兰游船展，但并不只是随便转转。我规划了路线，把我选择好的船放在最后。正如我预料的那样，她看不上任何一艘我们在路上看到的船。最后，我们站在我的猎物面前。她发话了：“我喜欢这艘船的线条，如果从高处俯瞰的话会很棒。在那上面，我打赌能看见海龟、海豚和鱼。孩子们会喜欢的。”

她的愿景愈发清晰。我们脱掉鞋，爬到船上，被美妙的音乐和柔和的灯光吸引至主舱。棕色的真皮内饰，樱桃红柜子。真是太美了！帕蒂说：“跟我想的几乎一样！”销售人员带领我们参观，并说可以按照要求定做，但需要120天时间。帕蒂还可以去工厂跟装饰设计师说明她想要的效果。这让她喜不自禁，说道：“没问题。我很想去。那是应该的！”我笑了，因为当她真正想要某物时，总爱说这句口头禅。继续参观时，她甚至说她能“看到”布赖恩和托德住这间舱，克里斯蒂住那间舱，詹姆士和乔丹住另外一间舱。最终我们买下了这艘船。它给全家人带来许多欢乐。但若是不花数月时间让帕蒂产生兴趣并想买下来，这一切都不会发生。

想想最近购物买东西之前你是怎么想的？

想想最近谈判，诱使他们签协议的愿景是什么？你呢？为什么签下了那份协议？

毫无疑问，再便宜的东西，如果对自己没用，哪怕是最冲动的购物狂也不会买。如果你不相信，那就花点时间好好考虑一下，你为何要买这栋房子，种这株花，谈这个协议？我们所有人都是根据愿景作决定的。愿景催生决定，没人能够例外。

为何要去打仗？为何同人争斗？甚至以生命为代价去抗争？为何要交税？为何支持某项重要立法？在典型的民主制国家里，可以从领导者同民众的交涉中找到答案。在政治领域，所谓“领导艺术”，可简单解释为领导者在人们心中“种下”想法的高超能力。他希望大家看到什么？如果我们分享他的愿景，那么当选是极有可能的事；否则，他们就陷入了麻烦。如果他们和我们的想法不一致，他们就得下台。

没有愿景，就没有行动，没有决定，也不会达成协议。当你的使命和目标扎根于对方的世界时，就可以引导他们产生愿景。没有愿景，他们就永远不会有行动。

激起对方的需求

谈判中，你期待的是能解决问题，这就是为什么你会谈判。商业经营中，供应、销售、库存、支出、利润等都需要考虑且变化多端。在你的日常生活中，家庭、邻里要处理的事也层出不穷。一切都得你作出决定，以期解决。除此之外，谈判还能做什么呢？

假如说你是卖机器的推销员，眼前市场上有位买主，他有购买需求，但不知道你的机器的重要性和长处。因此，你需要让他明白，不是谁家的机器都能买，要买一定是你家的。推销员的头等大事是要让客户知道，这种机器使用的技术是最新的，是最具竞争力的，车间里必不可缺的。你要让客户对机器产生愿景，才可能达成协议。

如何做到呢？可不可以告诉对方“你还没搞明白”，或“你怎么浪费那么多钱去买那破玩意”？你一定不能这么说，或强调“我的机器更好”。这会让你在所有地方碰壁，只会让对方加强防卫，并破坏他们的愿景。依我说，只有好好地描绘“美景”，他们才乐于接受并想据为己有。因此，你应该这样开口：“我需要你耐心地听我说。若我说错了，可直接告诉我（以此引导对方说‘不’）。我说的全是自己的想法，你要是愿意听，我就多说一些，看看对你是否有用。”

案例直击

彼得有一家公司，向企业提供数据传输服务，这是一个全新的领域，竞争力也很强。在一次交易会上，他认识了潜在客户蒂姆，对方的公司还处于“人工”阶段：先是把成千上万的数据打出来，然后把打印件给用户。蒂姆想不到还有别的招数。所以，彼得跟进时，首先让他看清自己没有意识到的问题。彼得不是一上来就嚷：“蒂姆，你是怎么搞的，居然不知道加速数据分享？”而是说：“蒂姆，瞧瞧我们是怎么干的。我们为许多规模跟你们差不多的企业用户服务，干得很漂亮。不过，也许对你不适合，不行的话可以告诉我。我们……”

另一个案例：威廉，一位年轻的成功企业家，20 世纪 90 年代末投资了一家小公司，为大网站提供空间服务。我问威廉为何下海创业。他说：“吉姆，我刚接触空间服务这个概念时，就惊呆了。显然，它是崭新的领域。于是，我便开始四处游说，帮客户看清该服务对他们有何价值。他们看到了，我们便做起来了。我想，所有的关键就在于让他们清楚能够从服务中得到什么。”

在过去七年里，威廉的业务量每年翻番，很快成为行业领军者。

在所有的谈判中，帮助对方看清问题并提供解决方案，有助于达成一致。

找工作时，你超凡出众，令人青睐。然而谈薪水时，却让雇主举棋不定。你很棒，他们想要你，甚至少不了你，你要在他们脑中植入这种想法。现在换个角度，假如你是雇主，为应聘者提供了改变命运的机会，所以，薪水谈判中，他就得反复衡量。给的钱是不多，但未来上升空间大，你得让对方这么想。

讨论到需求，拍卖是世界上调动买家需求的最佳手段。它非常能吊人胃口，拍卖让出价人感到“抢不到手，损失就大了”。这种想法催生渴望，使出价人给出高价。

探寻宝藏

你必须努力看清对方谈判的真正意图。他们的真正问题是什么？在多数情况下，问题相当简明，相当清晰。但有时候，你就得抽丝剥茧去发现，因为未曾发现的问题会毁掉整场谈判。

任何收购，不管是买公司、买房子还是买二手车，都可能暗藏问题。他们为何急于成交？为何回避一再的询问？我们肯定疏忽了什么问题。你很容易这样问自己。周一早晨简嚷肚子疼，这可能并不是她不想上学的真正原因。她会不会是有作业没完成，没准备测验，或上周五跟好友吵了一架？能找出来真正的原因最好，发现不了也无大碍。可是，在商业谈判中，你必须把它挖掘出来。你在投标，想当一家大公司的废弃物管理服务商。假如公司里有些人或小集团跟现在的服务商私交甚厚，可能会蓄意破坏你的谈判，这将是一个很大的隐患。

再假如你卖人寿保险。潜在顾客说：“我不需要，我妻子和小孩也许需要。”这不确定的想法和回答并不足以成交。你得帮他更清晰、更具体地看到问题所在。潜在顾客可能有某种健康隐患，医疗开支会让整个家庭不堪重负；或者是他的孩子们需要进大学，但学费会拖垮全家……**在所有谈判中，对真实问题的具体看法，才能最终促使对方作出决定。**

谈判中遭遇真正棘手的问题时，你常常会把“愿景”丢在一边。要么你搞不清楚对方的问题，没法让他们有愿景；要么他们着力隐藏，不让你发现他们的问题；要么他们不知问题所在，你也没法让他们看清自身的问题；要么你刻意回避他们的真实问题，因为那问题实在难以解决。

大师手记

客户泰克西公司找上门时，他们那场传奇式的收购谈判已进行许久了。泰克西若能以合理价位拿下这间小公司，是件好事；若拿不下来，也无所谓，并不是非买不可。在我参与之前，他们出价2 000万美元，对方没有多大反应。事实上，对方连句话都没回。他们知道对方聘请了一名投资银行家。于是，泰克西也聘请了自己的投资银行家。新人当政，立即把出价提到3 000万美元，他认为多给50%，会彰显己方收购的热情和诚意，能打动卖主。然而，这个策略没有用，依旧没回音，很令人郁闷。不得已，他们再提价，并把我请了过去。

我问谈判负责人：“对方可能有什么想法？”

他惊诧：“你是什么意思？”

“基于何种考虑，他们要卖掉公司？”

“嗯，我觉得可能是……”他说了一堆废话。

“明白了。你跟那边的什么人谈？”

“嗯，我们还没跟他们谈，是双方聘请的银行家交涉。那边说，我们的出价得更高，他们才愿意考虑。（说白了，卖主说了‘不’字。）现在，我们已给到4 300万美元，还有股票。”

“这就是我们目前的情况？”

“是的，是这样。我们的银行家说得弄清楚他们到底想要什么，我同意了，所以五天前，他出面询问。对方说，出价得远远高于5 000万美元，外加股票，才会认真考虑。”

天哪，跟卖主一次都没有亲自谈过，不知道别人究竟为什么要卖，不能设身处地替别人着想，只能三番五次地遭拒，再提高价码。只有傻子才会在不了解对方真实情况下就出价！

如此盲目行动，只有一味追求结果的人才做得出。他们不去努力地创立有效的使命和目标，确认能给对方的益处，弄清人家的问题，构筑愿景，告诉别人方案并允许其说“不”，而是拼命地追求不可控的结果。他们不明白这些，只是不停地抛出数字，而且抛得越来越大。

“好吧，”我继续说，“那你们在同谁竞标呢？”一屋子的人满脸诧异地看着我，好像我是妖怪。负责人说：“我谈判20年，从不知道是同谁竞标，那不是我们的事。问这个太唐突了，我从没听说过要问对方我们在同谁竞标。”

我说：“那好，如果你问，会怎么样？”会有两种情况，对方说不，拒绝告诉你；或者对方愿意告诉你。那干吗不问呢？你不怕听到“不”，对吧？

负责人的助手说：“如果我们问了，把他们得罪了，让他们很恼火，他们就会狮子大开口，抬高价格。”

天哪！想象力真丰富，说到底是害怕听“不”。我心里想，你怕他们恼火，抬价，可事实上，你还没张口问，他们也没气疯，出价便已提升了2倍多！然而，我嘴上没说，只是引导他们去发现真正的问题并寻求解决的方法。

真实的情况是，小企业主不想让公司被改造、搬迁。其他的竞买者的打算恰恰相反——收购来后，拆散部门，整个搬到别处。泰克西因为不打算改造、搬迁，所以和卖主谈起来很顺利。最终，收购以5 000万美元达成，这并非是竞标中的最高出价。

谈判者若有坚定的使命和目标，跟对方早日面谈，发现问题所在，提出解决构想，岂不更好？若让对方说一次“不”，并且不要总是自动加价，结果又会如何呢？

其实，让对方产生愿景的最佳办法是允许他们说“不”。他们认真考虑每个“不”的意义和结果后，就能暴露出真正的问题，局面就会对你有利。

另一方面，**千万不要过早妥协，这不利于给对方构筑愿景**。当泰克西公司不眨眼地提价时——这真是毫无理由地退让嘛——只会让对方这样想：“看，泰克西已提价了！泰克西一定是出了什么问题！泰克西一定会买下我们的公司！”

你不是问题制造者

我希望大家不要误解我是要给对方制造问题。我常常听到别人说：“嘿，我又让他们头大了！”真是荒谬！不是要你当“问题制造者”，而是当“愿景创建者”。问题是本来就有的。比如说，你去看病，不是医生给你“制造”出病，医生只能帮你诊断症状，并开出药方。

推销员也不可能“无中生有”。比如说，我跟妻子不是心血来潮才去看游船展览的。如果我们对那艘大游船没丝毫兴趣，没有哪个推销员能说服我们。人们不会到家电城买地毯，他们去那的时候也许没想好要不要买一台洗衣烘干一体机，但想先看看。这时，推销机会就来了。所以，不论你谈什么，想都别想去给对方制造问题。你要给对方提供愿景，帮他们解决真正的问题。

许多人问：“如果我发现了对方的大问题，而他们自己不知道，不是给了我可乘之机吗？那我不是可以利用他们吗？”不，你是胡说八道，异想天开。如果对方不知道为何要你按时完成改建工程，或买你的配件，或雇你当顾问，那干吗还要来跟你谈呢？如果他们不明白自身的问题，看不到你能帮助解决，那干吗还要与你签订协议呢？

你不能告诉任何人任何事

许多人犯下致命错误，认为靠着伶牙俐齿，讲事实，摆数据，就能说服对方，让其作出理性决定。这样的人试图让对方“明白”。其实，一味儿地要求别人像你那样“明白”和“知道”，本身又会遭遇哪些问题呢？首先，你这是在让他们进入你的世界。说实在的，谈判中你最应该将时间花费在哪里呢？当然是他们身上。其次，你忘记了情绪对决策的影响力。是的，事实很重要，可要是不放在别人愿意了解的情感氛围中，只能是白说。是情绪和内心的直觉，而不是理性，自始至终贯穿着人的决策。所以，你没法把事实塞进别人脑袋里，这会适得其反。理性会让他们怀疑你所说的，并进入一种分析模式。所以，与其给他们摆事实和列数字，还不如闭口不谈。你得让他们自己看清事实。

看到和理解是两回事。先看到，才能理解。先有感性认识，才能上升到理性认识。

前面讲过的爱迪生的故事。这位伟大的发明家在打开他的新发明——自动收报机后不发一言。换做普通人，会滔滔不绝地讲述机器的优点。可爱迪生很聪明，他和能干的经纪人一致认为，让买家看到价值的最佳办法是让机器自己说话。然后，才解释这台精密仪器如何运行。

为了验证这个，我的一位聪明的学员罗杰，对一位金融分析师进行试验。罗杰用两种不同的方式向金融分析师介绍方案。一种是标准的、讲个不停的，那简直是滔滔不绝、妙语连珠，全是真知灼见；另一种是提问式的：这个行业的预期投资回报是多少？用什么来衡量成长？每季度有多少收益机会？等等。第一次介绍中，分析师安静地坐着，不时记点儿笔记。第二次，他写满了笔记本，因为双方探讨得很热烈。从那天起，罗杰就完全明白，提问是帮对方弄清问题、产生愿景的极佳方式。

如果你想用讲道理来说服别人买某样东西或签下单子，那就错了，不但谈判不会成功，与人打交道也会成问题。别去说服，你只需精彩地描绘，让别人自己看，主动产生愿景。

案例直击

我的朋友兼同事鲍勃是商界高人、谈判高手，同时也是位父亲。他的女儿早产，患有早产儿常见的心瓣膜缺损。这种病可用药治愈，用药不行就得动手术。鲍勃的女儿用药失败了。医生建议他们转院做手术，因为那家医院的儿科胸外手术做得最好。鲍勃和爱人不想转院，他们觉得转院对孩子风险太大，再说现在的医院，儿科也很先进，也可做手术。他们跟儿科主任约好见面的时间，双方即将展开一场谈判。鲍勃必须控制好情绪，以免主任的话让自己和妻子张皇失措（做父母的都这样，可以理解），没法认真思考。所以，他必须用言语打动主任，引导对方思考。他只问了一句："你打算拿我女儿的生命冒多大风险？"这让主任一愣：让这对年轻夫妻的头胎孩子转院治疗，会有多少风险？他反复思量。值得赞扬的是，主任没摆专家的架子鲁莽行事，他回答："是的，转院是有风险，但那家医院有最先进的手术室。当然，我们也可以请对方的专家过来——"他接着说，"可有一个问题，手术并不危险，真正危险的是术后并发症。如果孩子转到那边，术后有危险，马上就能急救。可在这里，还得安排救护车把她送过去！"

真是一场有效的沟通！双方都努力让对方看清问题，深入了解后，立即能决策。结果，朋友夫妇很快改变了主意，决定将女儿转院。手术很成功，也没有引发术后并发症。现在，这孩子已长成健健康康的小姑娘了。

问题越明晰，决策越容易。若你的电工不告诉你线路出了什么问题，能说服你拆墙打洞、重新布线吗？恐怕不能！谈判中也一样。必须让对方自己看清问题。**恪守使命和目标可以帮助你避免误入歧途做出有损使命、目标和谈判的举动**。构筑愿景则让你朝着光明的方向前进。如果事情停滞了，就用愿景推进。

对方懵懵懂懂不是他们的错，别怪他们。审视自己的工作，问问能否帮他们看清问题，以推动谈判进展。如果你确信自己已尽了最大努力，而他们就是不明白，不知道自己需要什么（经常是这样，不论怎么引导，健康的年轻人就是不愿意买医疗保险）。此时，就该友好地握手道别，因为愿景是如此重要，引导失败后，大可不必再浪费时间了。

3分钟小贴士

你确信你已经看清对方的问题了吗？你知道怎么让他们产生愿景吗？

你不能把事实和数据硬塞进别人脑袋里，你愿意把这些抛在一边吗？

你愿意停止解答，开口询问，以引导对方的愿景吗？

NO!

第 *6* 章

提问的艺术

拨开迷障，构筑愿景

里根总统如何呼吁戈尔巴乔夫拆掉柏林墙?
谈判中最安全的提问用语有哪些?

你如何让对方看清他们的基本问题？你如何构筑他们的愿景？你如何不用直接告诉对方，就能让他们看到你所看到的？你如何消除他们的误解？你如何阻止他们回避、搪塞、一个劲地说“可能，也许，或许”甚至直白地撒谎？你如何扫平障碍达成一致？

最保险的办法就是提问。

提问是我们拨开迷障发现对方问题真正所在，并为他们构筑愿景的关键途径。

想想鲍勃，我的朋友兼同事，那个早产儿的父亲。我问他，谈判策略中哪条对他最直接、最管用、最立竿见影，他说排在第一的是提出正确的问题！跟儿科主任谈女儿该不该转院时，鲍勃很注意控制自己的情绪，再三斟酌后，问了一个能引发对方思考的问题：“你想拿我女儿的生命冒多大风险？”

我讲过爱迪生的故事，他打开自动收报机，任其运行，让银行家自己看。它的价值那么显而易见以至于语言显得如此多余，若真需要语言发挥什么作用，爱迪生只需简简单单一句话，就足以击中关键点：“先生，你觉得这设备对你有什么用？”为了回答，银行家就不得不想这机器的好处。

好的问题会像爱迪生的新发明一样神奇。然而，许多人在谈判中都有误区，认为必须彰显自己的聪明。因此，在他们的整个人生里，从小学开始，都是靠着正确回答问题来实现这点的（他们自认为）。经常，不等提问他们就回答，口若悬河，倾心相告，详细说明，解释情况，教导传授，以及自命不凡等。说得越多，结果越糟。没人教他们去提出问题，仔细倾听。甚至有些工作中需要提问的人，如医生，也经常做得不好。这些人“珍惜”时间，爱摆权威架子，十分依赖检验结果，却忘了一项重要的诊断工具——正确的提问。

大师手记

我母亲患有糖尿病，但一直活到近80岁。有一次，她心脏病发作，我们赶快送去医院，并立即进了重症监护室。医生先是向我和父亲询问病情，然后马上给她治疗。还好，并无大碍。但医生忽略了一个自己应该知道的问题，他没查母亲的病历，没弄清有无其他并发症。我们给他讲母亲的糖尿病时，他爱听不听，结果我们不得不强迫他认真听我们说话，以免弄得母亲糖尿病性休克。

跟律师打交道时，我也有过类似经历。我说的不是在法庭上，那时的交流都是被程序限定死的，我说的是听取证词阶段，那时沟通更自由。律师通常没时间问出正确的问题，要么是问的方式不对。坦白地说，我不知道电视中一问一答的常见方式是否有效。但根据经验判断，它们是没用的。

医生应该多了解病情，律师应该多了解案情。谈判者也一样，你应该进驻对方的世界，因为这样对方才能作出决定。你应该问对问题，学会换位思考。一旦你掌握了对方目前最关心的问题，就详细询问，构筑他们的愿景，以推动谈判。

对方的回答能构筑他们需求的愿景，并做出推动谈判的有效决策。

除此之外，提问还可以帮你控制渴求。若是问出个天真点儿的问题，还能让对方在你面前产生优越感。

自由式提问 V.S. 限定式提问

提问是一门科学和艺术。科学之处在于如何构思问题，艺术之处则表现在你如何使用声音、肢体语言，以及如何自然地引出问题。所以，接下来讲的都很“技术性”，因为这里需要的就是技巧。

构思问题时，你可以问“限定式”问题。“限定式”即答案被限定在一个范围内，例如：

你该这样做吗？
这是你想要的吗？
你能完成这个吗？
你需要这个吗？
你有权做这个吗？
你能花几分钟时间见我吗？

这些答案只有 3 种可能：是、不是或也许。

是的，我应该这样做。
不，我不想要。
我也许可以做到。
是的，我需要。
不，我没有这个权力。
也许我能抽出几分钟时间见你。

在第 3 章讨论“不”的策略时，我详细说明了为何“也许”及其他不确定的回答毫无价值，相反会让你束手无策。它搅乱一切，浪费时间，甚至会干扰你的心情。她的“也许”相当于“是”吗？也许我们已达成一致了！“是”本身也有双重含义。“是的，拉尔夫，我需要这个。下周给我来电话。我得向老板请示一下。”这样的“是”毫无价值，你还可以回忆一下第 3 章中的场景：

约翰，收拾一下你的房间！爷爷奶奶要过来吃饭。

是，妈妈。放心吧！

这个“是”也毫无意义，只不过是当时敷衍的话罢了。有千千万万个情况和理由可以说“是”，但真正意思并非“是”。“是”字也许是否定，“也许”没有用，所以，提出限定式问题，要留心“不”的答案，它会给你一些真实的信息。鉴于三种可能的答案中只有一个最有价值，因此提限定式问题风险很大，经常是浪费时间，这是它的缺陷。

另一个缺陷是，提限定式问题常让人觉得你在强迫他说“是”。如“你能做到吗？”这个问题就像预先设计好的，让人说不了“不”，有点操纵对方的意味，事实上也确实如此。前面说过，多数人不乐意说“不”，因此，若你的问题让他们难以启齿，就会制造出一种紧张的氛围，对你有害无益。实际上他们想说“不”，你的强迫，会让对方为保护自己（他们相信）而产生防御心理，或言不由衷。

比较一下这两种提问：

这是你真想要的吗？

这难道不是你真想要的吗？

我敢打赌第二种提问会立即让你防御心理陡增。多个“不”字，问题就变味了，因为它有点儿“急于成交”的意味。记住，不要急切！这种做法早晚会毁了谈判，对方迟早会抵抗，并要自己做主：“谢了，我还是想自己作决定，请不要强迫我！”

假如说你在车库里卖家具（又称“车库售物”，在国外很常见，即把家中旧物拿出来摆在私家车库里出售。——译者注），终于，有人光顾了，询问那套带厚软垫的沙发——它每个垫子中间都有闪闪发光的小珠珠。你提供了所有信息，讲了 20 分钟，口干舌燥，急不可耐。最后，你忍不住开口询问：

你想把它搬回家吗？你能买下吗？

又是一个糟糕的限定式问题。它的直接后果是——忘掉这笔买卖吧！永远不要提出别人无法拒绝的问题！你会失去人心，并且活该！

好吧，你从这次失败中吸取教训，知道得对下个买主用另一番话。看，他来了，这次你脱口而出：

你为什么不买这个沙发呢？

这个问题更糟！永远不要让人感觉你的提问有陷阱！读过本书的人都会被这吓跑，可是，许多谈判新手都爱问这个问题或类似问题。提问十分重要，需要策略。比如说，你跟对方谈了一个小时，感觉不错，可突然冒出一句：“你为什么还不愿接受呢？”10秒钟内，所有努力付诸东流。这种事在世界上每时每刻每秒都在发生，因为外行的谈判者常被误导，认为这样提问可以促进成交。

再看上面的车库售物，这次卖的是旧音响设备。一位收藏家信步上前，指着磁带播放器问：

“还管用吗？”

“当然！”

“真的吗？”

“当然。昨晚我还放《橡胶灵魂》（*Rubber Soul*，英国甲壳虫乐队的著名专辑。——译者注）来着！”

“你是唯一的主人？你买时是新的吗？”

“当然，就在这镇上买的，旧音响商店都在埃尔姆。”

收藏家说他想买下，你说没问题，然后问他：“你还想了解什么？”

现在，这个简单的问题跟前面两种完全不一样。它调动了一些微妙的感觉。首先，它让人听着舒服。你，作为谈判者，这样问没有渴求，不让人警惕；我，作为收藏者，会感觉良好，因为正享受着你的服务。你一点儿也没有强迫我，试图说服我，或有其他不好的举动。听到这种问题，我还有什么理由不乖乖上套呢？

另外，你不可能不假思索地回答这个自由式问题。它的答案不能为“是”，“不”或“也许”。它需要你多解释几句。如果是我回答，便会提供一些有用信息，说说个人见解，并带有感情色彩。而这就让你有机可乘，因为我们都知道，人们一开口便刹不住闸。

现在，是谁在掌控谈话呢？是你，问出“你还想了解什么？”并倾听回答的你！如果你想更牢固地掌控谈话，那就让对方说个尽兴吧！

有一个问题，最简单却最有力量：“你需要我做什么？”

这里，你引导对方开口，多说，并从回答中进入他的世界，了解他的想法。你可能听到这样的话“嗯，我需要你帮我解决这个问题”，或“我想让你来解决，我希望这样”。你还可能听到他们的询问，得到更多的信息，甚至完全了解对方的问题。

“嗯，如果今天开工，你多长时间能完成？”

“多长时间？”这代表完工时限就是他们注重的！

如果你问“你们为何请我来开会？”这样会进入谁的世界呢？对方的！他们的回答可能是：“我们希望你的方案能帮助我们。我们的运送和路线设计有问题。真头痛！”

如果你问“你们现在面临的最大挑战是什么？”会进入谁的世界呢？对方的世界！“存货控制，市场瞬息万变，孩子们这星期喜欢这些小玩意儿，下星期他们连碰都不碰了。真不知该怎么办才好！”

这是不是大大加快了信息收集进程呢？自由式提问就是能带来这样的结果，且屡试不爽。真是神奇！

“谁”、“什么”、“何时”、“哪里”、“为何”、“如何”及“哪个”，这些词汇是谈判中最安全的提问用语。

这类问题有助于描绘愿景，推动谈判，而不像限定式问题那样具有杀伤力。它们不会为难对方，不会让他们加强防御。它们能“钓”出信息，构筑愿景。所有的提问都值得仔细推敲，字斟句酌。限定式问题几乎全是破坏性的，而自由式问题则是发现实情的关键——引出细节，帮助双方看清以前忽视或不了解的东西。

参加会议前，把自由式提问的“七要素”记在笔记本上：谁？什么？何时？哪里？为何？如何？哪个？会议中，尽量提自由式问题。训练开始时会有些生硬，这很正常，但很快就会形成习惯，给你“钓”来美妙的答案。

下面，比较一下限定式和自由式提问的各种情形，看看哪种更好？

限定式	自由式
这是我们面临的最大问题吗？	我们面临的最大问题是什么？
这份建议对你有用吗？	如何让这份建议对你有用？
我们明天能讨论送货日期吗？	我们什么时候讨论送货日期？ 送货日期有多重要？ 什么时候送货合适？
你觉得该不该让玛丽加入进来？	玛丽进来能做什么？
你有没有别的需要？	你还需要别的吗？
你喜不喜欢？	你觉得怎么样？
符不符合你的要求？	你觉得如何？ 怎样才能适合你？
不用这机器，你能否保持竞争力？	不用这机器，你如何保持竞争力？
你想被当成傻瓜吗？	你想留给别人什么印象？
你是在惹我生气吗？	你为何想让我那样做？

关于自由式提问的规则并不难掌握。数十年来，谈判者一直学习提“开放式提问”，自由式提问正是其中简单的一种。我强调“自由式”而非“开放式”，是因为“自由式”更容易理解，你可以自由回答，在激烈交锋时更容易抓住问题的关键。

牛刀小试

邀请你的家人或朋友跟你做个小游戏。告诉他们你会问些问题，问题之间不一定有逻辑。你要他们都闭上眼睛，在回答每个问题时，要是内心“看”到什么，请立刻举手。讲清楚你不是在逗他们玩。有时候，他们能很快“看”到东西，有时候则不能；看到时，请他们不要忘记举手。准备好要问的问题，多数是自由式，少数是限定式。每问完一个，停下来，记录举手数目。你在哪里？你在干什么？水是蓝色的吗？水是什么颜色？山有多高？你上次吃冰淇淋是什么时候？冰淇淋好吃吗？我们要不要出去吃饭？你想去哪儿吃饭？我相信，在回答自由式问题时，举手的人会更多。自由式提问引导人们去“看”。

鲍勃，那名早产儿的父亲，你还记得他怎样询问儿科主任吗？为引导其思路，以“你想拿我女儿的生命冒多大风险？”来准备这场谈判时，我和鲍勃都认为，那位主任或任何其他医生听了这话都会好好思量，即转不转院各有什么利弊。这正是鲍勃和妻子想要的——医生认真思考后作出的决定。他们得到了。

回想一下，若只让机器说话还不够，爱迪生可以问银行家：“先生，你觉得这设备对你有什么用？”这样的问题可以构筑愿景。银行家不能不想机器的好处就回答问题。

简单的一句“我该怎么进行呢？”也能引来奇迹。别人会告诉你如何做！“我该怎么办呢？”他们会告诉你的！“你觉得我们为什么卡在这一点上？”他们会为你找到答案！

善于提问，你就会明白，成功的谈判来自于说服对方，而非一味想着自己。你将理解为对方创造愿景的必要性。然后，奇怪的事就会发生——你的渴求消失了，你觉得自己如同一只自由的鸟儿，振翅飞翔在谈判的天空。

简单为本

问题要简短，若八九个字说不完，失败的可能性就会增大。你也许觉得复杂的长句更能给人留下深刻的印象，记住，你是来谈判的，不是给人留印象的，长句只能让人迷惑，不明所指。

另外一个关键是一次只问一个问题。一个接一个的问题，一个接一个的答案，你也许能帮对方看清自己的问题，让他知道该如何解决。可是，谈判是一个很容易情绪化的场合，即便最老练的谈判者也会受不了连炮珠式的发问，更不用指望他能思考后给出答案了。或者是你提出了不错的自由式问题，却替别人回答，阻碍了对方的思考。如“你面临的最大挑战是什么？刺激经济发展还是解决当地就业？”这就犯错了，你等于替别人回答。还会把自由式问题变为限定式问题，这种画蛇添足的做法无助于引导对方思考。

因此，法则很简单：**问题要容易，提问要缓慢，倾听要认真。**

- 这个项目完工的最后期限是什么时候？
- 9月完工对你有多重要？
- 我不太明白。为什么非得是9月15日？
- 噢，你们什么时候开始送货？

提这样的问题，并做点笔记，对方的答案能引发你提出下一个好问题，你会从中学到重要的东西。

提问精准

即便是自由式提问你也不得不认真构思。你不能生搬硬套，并主观臆断所有的自由式问题都是好的。你要殚精竭虑地斟酌提问中的每个字。比较“你打算如何在内部推进此事？”和“你打算在部门内怎么做？”问出第一句，我几乎可以听到对方脑子里有声音在吱嘎作响，“推进”

这个词让人多有压力呀！第二句显得更轻松，并让人感觉到大家在齐心合力做事。

比较这两个问题：

环球公司内部的批准程序如何？

环球公司内部有哪些批准步骤？

如果批准过程很复杂，第一种问法让人望而生畏，让被问者不知从何答起。第二种使用“步骤”一词，通俗易懂，有助于打破对方的心理障碍。他们即便没法告诉你完整的批准程序，也至少能告诉你下一步该做什么。

再比较：

你看还有什么问题？

我忽视了哪些困难？

两者之间有微妙却重要的区别。第一种提问，你假定他们会开诚布公，你认为你这样问是相信对方。但是，他们若隐瞒实情，你就惨了。第二个，用“困难”代替“问题”，将忽视问题归罪于己，更容易影响对方的看法，促使他们告诉你你关心的问题。

会面前，仔细推敲所有问题，想想一词一字的影响力。怎样说更容易得到坦诚的回答？（我建议少用术语。）这样说会让对方放松还是警惕？这会不会帮他们产生愿景？多琢磨多提问，慢慢地，你就会认同：提问是件令人高兴的事！同时，你将明白：它们绝对具有挑战性且非常重要！我的一些客户，如一家汽车配件供应商，甚至会举行“提问大赛”，两队相较，输者要请赢者吃大餐。他们知道，在谈判中，提问是门科学和艺术，也是取得更大成功的必备技能。

千万不要生搬硬套，停下来，问问自己的使命和目标，创造性地思考如何引导对方的愿景。

说动人心

我的曾祖父常常说他农场上的骡子：“要吸引它们注意，你得拿个木条戳它们两眼中间。你一引起它们注意，它们就知道自己该干什么啦！”但这办法可不能用到人身上，在谈判中一点用都没有。有时候，人就跟骡子一样不知道该干什么，可“木条刺激法”无效。在谈判中，你想让对方看清自身问题，靠在两眼之间给他来上一记，是不管用的。你不能耍硬手段，你得用语言慢慢引导。

你提问说话的方式可以入耳也可以刺耳。“你好，事情怎么样？”这话让人爱听。“这是个好问题！”也让人心喜悦。“好家伙，你怎么这么阴沉！”除非是揶揄好友，否则这话伤人。“那跟我无关。”这话冷冰冰的。“你花多少钱买这垃圾？”虽然是自由式问题，但这没办法引起共鸣，“垃圾”一词使用不当。无论你是提问人还是被提问，你很容易鉴别出话语入不入耳，暖不暖心。千万别忘了，自己提问时，先“衡量”一下。

你的用词十分重要，你的说话方式也同样重要。“你在这项‘技术’上花了多少钱？”用嘲讽的语气说出，就一点儿也不动听。“技术”的实际意味还是“垃圾”。如果是发自内心地惊叹或赞赏，这问题就让听者美滋滋的。现在，再看看“这真的是你想要的吗？”它不属于自由式问题，但说的方式不同，效果也截然不同。如果是很粗鲁很突兀地说“这真的是你想要的吗？”就会使人抗拒、反感，从而使你受挫。如果是很平静很关切地问，即便是限定式问题，也很令人心动。讲话方式决定一切！有许多幸运儿天生擅长这个。罗纳德·里根便是其中一个，他调整语气放缓语速，露出慈祥的笑容，并微微低下头，自然地说出动人心弦的话语。他是如此善解人意，以至于他说出任内最强硬的话时，也那么动听：“戈尔巴乔夫先生，拆掉这堵墙（柏林墙。——译者注）吧！。”科林·鲍威尔也是个看起来发号施令，实际上说话中听的人。他穿着威严的制服，身上挂满闪闪发光的勋章，站着像座塔一样，却能缩短距离，拉近人心。真的，这很不容易。他的声音让人难以抗拒。

显然，多数人都喜欢跟令自己舒服的人说话，打交道。唉，遗憾的是大家都不像罗纳德·里根和科林·鲍威尔那样有天赋，我也是。因此，我在培训生涯中不断改进自己，果然做得更好了。所以你也能做得更好。

如果你没有小录音机，弄一只来，录下你练习提问题、做陈述的声音。很快，你就会明白说话的方式很影响说话的效果，你必须采取正确的说话方式。总的来说，语速慢些、音调低些，效果会更好。另外，别忘了配合肢体语言。坐姿要放松，上身靠后，不要动来动去。别人说时，安静地记笔记。轮到你说时，放缓语速，压低声音。站立时，身体最好能靠墙，姿态低一点儿。如果站得像塔一样，瞪着别人，对方会被逼迫得没有空间。这些全是常识，但在谈判交锋时容易被抛诸脑后。

对着录音机训练提问题、做陈述时，调整你的姿势，看看它对说话有什么影响。笔直地站立跟放松地坐在椅子中会改变说话的声音。你可以控制好你的说话方式，在容易掀起情感波澜的谈判中，它总能帮你化险为夷。

记住，真正自信的谈判者都举止端庄。

最近，我给中西部一家大公司的董事长罗恩作培训。他们公司跟一家汽车生产商谈判，对方的人很粗暴，进展也很艰难。谈了几次都无果，罗恩决定改变策略。我建议他们多用“安抚法”。再回到谈判桌上时，他们胸有成竹，压低声音，再压低声音，低到那些嚣张的家伙不得不侧耳倾听。对方高声大气地说话时，罗恩的团队不为所动。他们始终保持声音温和，肢体语言也低调。就这样，谈判局面被彻底扭转。罗恩一方终于能进行实质性提问，进而推动谈判，真正解决问题。

在我的培训生涯中，这并非个案。我强调安抚，是因为它真管用，屡试不爽。你有能力安抚对方，使其放松，会向他们传递出你在倾听并重视他们的话这一信息。安抚是让他们感觉良好的一大方式。

牛刀小试

挑一个会议，什么会都行，参与者的身份不重要，会议主题也不重要。在这次会议上，专注于你自己的肢体语言。如果你觉得紧张，请深呼吸，然后靠进椅子里。放松点，调整你的声音。会后，评判一下“效果”如何。这样做你不会损失什么，相反会获益良多。

别误会，我讲的不是“情感征服式”谈判。安抚不等于软弱妥协，更不是“挽救”对方，你没有救助任何人。它只不过是适时缓解压力的方式罢了，它能让你打入对方内心，引导其想法，推进谈判。

假如你有一位潜在顾客严重误入歧途，你有办法帮助他们，可是，究竟该怎么向他们描绘问题所在呢？假如说这是家小公司，把许多钱投到亏损的事业上，必须马上解决问题！可是，钱都花出去了，他们的防御心理日益严重，相信熬下去就会“好起来”。所以，你不能说：“你看你们的员工，把大部分钱都打了水漂，还白干了好几个月。这真让人遗憾！好在我们能帮助你们。”他们会把你轰出去，这也不利于你实现使命和目标，因为这是打击别人，而不是引导其想法。不用安抚法，别人只觉得自己的工作有风险，即便你说得对，别人也不愿那样想，而是本能地抗争。用安抚的口气和话语说出来，引导他们看清问题，他们就愿意接受。不要一上来就反对，请像这样说话：“萨拉，我想请你给我点时间。万一我说得不对，请直接告诉我（此为邀请对方说‘不’）。如果你同意我就说说我的想法，然后听听你的意见，看看我们有没有合作点。”

开局成功！萨拉会倾听你的话，或许她还有戒备，可这番令人舒心的话，毕竟为你敲开了门。“安抚”，不是软弱的谈判法，而是绝顶聪明的谈判法。

看看下面的说法：

我告诉你，贝蒂，那不管用！

史蒂夫，你应该听那些内行的话。

詹姆斯，你的团队很多成员都懒洋洋的，一点不关注细节。

卡罗尔，你在玩火，你会栽跟头的！

说这种话的人，你能否说得动听一点，把刺耳的话变成自由式提问？

贝蒂，想一想，那奏效吗？
史蒂夫，我在想，你能够找谁帮忙？
约翰，细节很重要的喔！你的团队能在细节上花多少时间呢？
卡罗尔，错误是学习的手段，可是，如果我们能不犯无谓的错误，那该有多好呢？

现在，你就有机会引导对方的想法了。认为安抚是软弱，会被强硬的对手利用，或者它违背说“不”的原则，都大错特错。安抚是一件宝贵工具，有时候靠一个字眼，一个表情，甚至一个手势，就能帮助双方达成一致！这项技巧需要你反复实践、观察和思考。谈判遇阻时，你最大的挑战就是会不会安抚对方，而非其他。

3分钟小贴士

你能提出自由式问题吗？它不是灵丹妙药，但能最安全、最保险地引导对方思考，而不招致对方反感。

防御心重的谈判者会拒你于千里之外。因此，要使出安抚法。在话语、肢体语言里不带任何攻击、为难和强迫对方的意思。

NO!

第7章

谈判的强火力武器

稳步向前，步步为“赢”

为什么那些向吉姆·坎普的母亲疯狂推销的家伙通常都会失败呢？

由于批判布什政府，南方小鸡女子乐队失去了人心，她们是如何应对？

“3+,”Stripping， and Not Presenting

受过演讲训练的人都知道一条古老的黄金定律——告诉他们你打算说些什么，然后告诉他们你说了些什么。1遍，2遍，3遍！很久以前，我从一个推销员朋友那里听到这个黄金定律，很快就意识到这种做法真好。我添了个加号，是因为有时说3遍并不够。现在，我称之为“3+”法则。谈判越重要，复述的次数就得越多，这才能强化双方达成一致的要点。谈判中，你得对“是”持怀疑态度。一上来就说出的“是”是假的。到了后期，谈判要点都明晰时，就得多用“3+”法则，以确保对方的“是”是真的。你甚至可以将要点重复3次以上。

在实践中，“3+”法则用再多次都不过分。现在，我们再回想那家要求重新谈判的公司。因为上次谈得实在太糟糕，于是这边的头儿跟买方的负责人打电话，摆细节讲事实。他说：“作为供应商，我们干得很失败。我们跟你谈得太糟糕，那样没法再继续供货。我们真的很失败。当时我没认清这点，现在知道自己失败了。我们是失败的供应商。这次失败把我们逼入绝境，没法再履行承诺。我们让你失望了。”一连用了5个“失败”，但并不觉得多哦！

牛刀小试

编一些句子，如“问题是我不知道这时间定得对不对”或

“什么时候该完成”等。现在，把同一句话变换方式说3遍以上。你习惯后，在会议上把观点或问题说3遍以上，当然在什么会议都行。不要忘了用令人愉快的声音，你会发现人们不讨厌听你一再重复。他们希望听到更明晰的观点，并感谢你不厌其烦。

许多事情都值得重复再三。如：“比尔，周一下午3时见！”比尔有没有听清，有没有标记在日历上？你不知道，只有多说几遍，才能帮他记牢。“好的，比尔，星期一下午3时见啦。”“你确信周一下午3时有空吗？”“……好的，我记下来，周一下午3时。”

在谈判中重要的关键点上，绝对有必要使用“3+”法则。我们需要界定自己的义务。如果我们承担不起定下的义务，那就是毁了这份协议。

有一点很重要，不要把“3+”法则看作是在强迫他人。它既不含强迫的意味，也不会暴露你急于成交。你是在连续3次邀请对方说“不”！不论你重复说了几次还是几十次，你都是在给对方说“不”的机会。“3+”法则等同于“不急着成交”。你是在给对方机会看清形势，让他们从不同角度考虑作出决定将有什么后果，是推翻还是坚持决定？没有明晰的愿景，就没有真正的决定，更谈不上长期的协议。

假如你正在卖汽车，有个人进来，说现在就想买这辆漂亮的绿色车。你说：“好的，我拿车钥匙和销售合同来！”也许真的能成交。然而，更聪明更保险更能促进销售的办法是冷静下来，看清楚究竟是怎么回事。这家伙是不是在耍什么花招？在做社会实践以拿到营销学学位？他有没有在网上查过信息再作出决定？还是真的想买车刚好碰上你在卖车？你不知道。所以要冷静一下，放低声音，说：“今天？哇，你决定真快！今天就想要这辆MTV700？现在就买？你想怎么付款？需要分期吗？”使用“3+”法则，你很快就能揭开真相。

放长线钓大鱼

见过钟摆荡来荡去吗？在谈判中，人的情绪也如此摇摆不定。一开始，钟摆是静止的，谈判开始人的情绪也很平静。随着事情发展，情绪钟摆开始向消极方向摆动，然后，它遇到阻力，回到中线，又荡向积极的一面。有时候情绪波动似乎对你有利，但事实上，大多数情绪摇摆都对谈判有害，如果起伏太大、太剧烈的话，甚至可能毁掉谈判。

谈判高手的任务是尽量控制情绪钟摆，使其置于平静、几近“静止”的状态。从长远来看，情绪大起大落都是坏事。

想想看，如果你把潜在顾客忽悠得太厉害，当他回过神来，想清楚并后悔该怎么办？他可能一下子勃然大怒。若真这样，你该怎么办？你也许能安抚他，也许不能。

那些向我母亲疯狂推销的家伙通常都会失败。母亲喜欢冲动之下购物，次日又改变主意，把衣服或钱包退回。店员可能希望她情绪再来一次急转弯，从不喜欢又转回喜欢，最后决定买下。可这事根本不可能！我知道，他们永远也无法再让母亲改变主意，说得唾沫横飞天花乱坠只不过是浪费时间和精力而已。

在所有销售和谈判中，情绪大起大落是一个恶性循环。情绪的起伏很难控制，但必须控制，尽最大努力控制！有什么好办法吗？有，而且很简单：谈判中，别让情绪走极端，不要过喜过悲；尽量保持平静，以便达成良好的协议。向我母亲推销的店员应该这样说：“坎普太太，这衣服真漂亮。可是，橙色会不会太扎眼？你要不要试试再决定？……哇，真漂亮！你觉得呢？该穿什么样的鞋子配它？”

当然，这完全是一个逆向谈判。你是说不应该煽动对方吗？是的，因为被煽动起来的激动、兴奋很快会消失得无影无踪。许多人都多少有点儿像我母亲，早晚会回过神来，悔意涌上心头。其实，晚后悔不如早怀疑，对后者，你还能施加影响力，让对方在平静状态下思考，想清楚。让人冷静思考要比煽动情绪好得多，否则，你会自食其果。

还记得向那个进来想买绿色 MTV700 汽车的人施展“3+”法则的情形吗？你可以说：“今天？哇，你决定真快！今天就想要这辆 MTV700？现在就买？这真是一项大投资。你想怎么付款？需要分期吗？”你还可以参考下面的对话：

"就这个了！我现在就买！"

"真有眼光。这款车很靓！可你知道吗，绿色的车很难打理。"

"没关系的。我每天都洗，最长也拖不过几天。"

"这车值得你这么保养，外观上也有很多选择。说实在的，它是我们这里最昂贵的，别的车都很便宜。我可以带着你看看其他的，以确保你想要的就是这辆。"

"有没有跟这一样好且外观有更多选择的？"

"我们去看看，你自己评判。我只想让你买到最称心的车！"

"好的。我们去看看吧！"

你是一个极为出色的推销员和谈判家！你巧妙地把这家伙高昂的情绪冷却下来，恢复平静，以便作出更理性的选择。当然，你当时也可以抓住他马上签合同，卖掉那台绿色的MTV700汽车。可是，你有自己的谈判策略。你知道，这个大大咧咧的家伙要是真心想买那辆昂贵的车，那么，多谈半个小时，他还是会买的。如果他变卦了，那就是你有另一款车更吸引他。

这种谈判技巧和钓鱼技巧相似：鱼儿上钩后，不马上拉钩，而等它游一段距离，消耗一些体力。有些鱼，马上收钩会激起警觉、反抗并挣脱而去。让鱼儿使劲游吧，放长点线，别让它们警觉。在谈判中放长线钓大鱼，绝对是明智之举。这相当于一次轻微的刹车，可以把人从过度亢奋拉回平静状态。

面对我容易冲动购物的老妈，我建议店员最好说："坎普太太，这衣服真漂亮。可是，橙色会不会太扎眼？你要不要试试再决定？……哇，真漂亮！你觉得呢？该穿什么样的鞋子配它？"这些话就是"放长线"，很温和也很入耳，会让我老妈好好想想。她可能还是会买下那件橙色的，第二天又拿去退掉，然而，你可以让她不那么冲动，考虑得更清楚，买下之后拿去退掉的可能性会小一些。

现在，我让客户格雷格给你讲讲他的故事。

案例直击

有位客户推荐我跟琼斯太太认识，她年届古稀，刚失去丈夫。初次见面时，她告诉我，很高兴从最信任的好友那里得到推荐。我感谢她，并补充说我的方案对她有用才最关键。这是一开始就引导她说“不”。同时，这还可以拉她回归理性。琼斯太太接着说，她相信我的方案不会错。我告诉她，我会努力的，可是，跟她的会计或律师碰面后，我才能提出切实有效的建议。她点头同意。然后我与她的会计会面，给她制定了新的理财规划。当她开出超过 33 万美元的支票给我时，我递还她，要她确认接受现在的理财计划。这既是邀请她说“不”，也是避免她冲动。她表现出怀疑和动摇了吗？没有！她看着我，说这个理财计划很好，便把支票又递给我。2 天后，琼斯太太请我过去，要我跟她的 4 个孀居且需要理财的朋友面谈。

格雷格的这个故事证明“放长线”永远不会让人失望。它表面上不符合谈判目的，实际上则不然。另外，“放长线”还能控制好你的渴求，给对方说“不”的机会，让他们感觉良好，以便达成协议。

牛刀小试

在无关紧要的谈判中，试试使用“放长线”策略，如：“琼，我很高兴你有兴趣。你兴致勃勃热情高涨，但我们还有许多困难需要克服。”

两点之间曲线最短

当对方一直处于否定、敌对的一面，这时，就要用以退为进的策略。是的，这样会触动对方，让他们震惊，从而反思自己对不对。

案例直击

在电影《法网神鹰》(*Legal Eagles*)里,著名影星罗伯特·雷德福(Robert Redford)扮演一位经验丰富的律师,电影里的切尔茜·迪尔登被控谋杀了情人维克托·塔夫脱,雷德福为切尔茜辩护。在法庭上,雷德福在标准的开场后,话锋一转,说道:“看到原告摆出证据后,我也相信是被告杀害了维克托·塔夫脱。毕竟,要是我当时走进那个房间,看到维克托·塔夫脱躺在地板上,死了,凶器上满是切尔茜·迪尔登的指纹,我也会认为她是凶手。现在,我们就别浪费时间了……认定切尔西·狄登是凶手的请举手?”此话一出,庭下一片哗然。

雷德福真是聪明的谈判高手!起先,大家认定被告有罪,他表示同意。接下来,他要让陪审团认识到自身的偏激。他认同被告有罪,这让他们猛醒,想起了陪审前的宣誓,自然就回到了谨慎、客观的位置。

当雷德福感到陪审团动摇时,便暗示被告有可能是无辜的:“我们都认定她有罪,是不是?我们究竟在干什么呢?我们有一条法律概念,叫‘无罪推定’,它是为了保护大家和大家的权利……”

你可以想象,很快,真正的凶手浮出水面,切尔茜·迪尔登就被证明无罪。《法网神鹰》算不上一部精彩大片,但影片中罗伯特·雷德福使用以退为进的谈判技巧令人折服!

案例直击

迈克,泽特公司的高级副总裁,被一家世界100强公司上门讨债。谈判一再拖延时,拉里被迈克提拔上来,负责交涉。拉里给对方的首席法律顾问查尔斯打电话,查尔斯毫不客气地跟他说,等着法庭上见吧!

拉里没被吓倒。相反,他立即采取以退为进的策略,他说:“查尔斯，我们公司是没法挺过去了。被告上法庭后，我们即便证明我们在合同执行上没出错，也没办法再当贵公司的供应商啦！”

查尔斯万万没料到对方的处境比自己想象的更糟糕，他们竟然认为上法庭不算什么坏事，因为更坏的事还在后面！最后，他勉强开口承认拉里说得不错。拉里再次强调泽特公司的失败，说是没希望扭转了，是大惨败啊。查尔斯问拉里负责此事多久了，拉里说，他刚接手，正在努力为泽特找救命稻草！继续采取以退为进的策略。然后，查尔斯建议大家先别草率行动，最好见一面，把迈克也请上。现在，轮到拉里惊讶了，不是惊讶以退为进的作用，而是惊讶查尔斯中了自己的圈套：恢复重谈，不就是自己最想办到的事吗？不过，他表面上装得很平静，说这建议让他受宠若惊，他本人很高兴跟查尔斯和迈克坐下来谈一谈。

正如前面第 3 章所说，很快，双方的纠纷就解决了，2 家公司又签定了价值 1.8 亿美元的采购单。

几年前，最有人气的女子乐队，我们所熟知的南方小鸡（The Dixie Chicks）卷入了麻烦，因为其主唱纳塔莉·梅因斯 (Natalie Maines) 在伦敦演出时批评美国总统布什。电影《闭上嘴巴唱歌》(*Shut Up and Sing*) 生动地讲述了她批评布什政府带来的惨痛后果，其中有一幕，纳塔莉在演出上重述她言论自由的立场，并说：“悉听尊便，想嘘我们尽管来。”这句伤心消沉的话，换来台下一片同情。当时，可能只有同情她政治立场的人才去听她们的音乐会，她们已永远地失去了很多“粉丝”。然而，就是这句话挽回了一些人心。

找个无关紧要的场合，说："天哪，真是太糟糕了。我们恐怕挺不过去了。真是一团糟！"对方听到后，很可能会帮你渡过难关。真的，很奇妙！

无为而为

有多少次你希望销售员安静几分钟以便让自己冷静判断？有多少次你走进一家高级商店，店员立刻像苍蝇一样叮了上来？数不胜数，我想。我们大多数人都希望自己先看看，待有需要时才开口询问。

让对方感觉不到的推介就是最好的推介。

贾斯廷在商业地产领域做得相当成功。贾斯廷起初认为，推介完毕后，对方说"不"，那么谈判就完了，应该抬腿走人。当他知道自己这种推介方式有问题后，他就认真地改，一丝不苟地执行我的推介方案。

先前拒绝他的买主开口说自己还没找到理想的房子，问贾斯廷有没有别的可介绍。贾斯廷的回应很棒，他说："现在没有。我得知道你最想要什么样的房子？"哈，这就是关键所在了！他问了许多问题，弄清了那房子应该是怎样的，这个其实几个月前就该知道了！买主的需求一直没变，只不过贾斯廷之前没发现罢了。现在，他发现了，便主动寻找那所理想的房子。

现在，贾斯廷只是"适时推介"，他变成了谈判高手。不论是跟片区董事还是日本大亨见面，他都注重调研，引导对方思索。他不再那么倚重正规推介，他知道，正规推介会激起对方的警觉。一旦这样，就会引起双方的对立情绪。

想想自己，当别人向你"推介"时，不管正式与否，你都会立即挑毛病、反驳，并且都能抓住把柄。传统的“经典式”推介只能产生敌对效果，结果使推介人只能充当应答机器。

如果你能很好地引导对方的想法，向他们描述问题所在，那么，专门的推介就纯属多余。想想你要推介什么呢？你怎么知道他们对你推介的东西感兴趣？另外，推介还让人觉得你急于成交，还会剥夺对方说“不”的权利。你想推介，可能是因为谈判毫无进展，而把这当做救命稻草；或者是精明的谈判方设下的阴谋，坚持要你做正式推介。于是你就做了，摆出一二三，展示自己东西的优点。可坦率地说，这有什么用呢？这只会让对方从你的推介中抓住你的漏洞。

“我需要你们讲一下你们的经营状况。”

“你想让我们主要讲哪个领域？”（你平缓地说出，当然，还点头配合。）

“嗯，是这样，我们一直全部从美国配件公司那里采购零件，现在想比较一下你们的。”

“好的。我们先从哪里开始呢？”（平缓地说出，并点头。）

“先从工厂设备吧。”

“没问题。我们的生产中心坐落于主要的人口中心区。你们最关心哪点？”

“嗯，我们得知道生产能力是多少。我们的战略计划在扩张，所以，得找两家有生产能力的供应商。”

“你们想要什么样的生产能力？”

“高峰期，我们一周需要100万件。你们能做到吗？”

“问得好。高峰期大概是在什么时候？”

“18个月以后。你们能做到吗？”

“好问题。我得研究一下。我觉得应该先跟你们的工程师见见面。什么时候能跟他们见面，了解一下规格和其他要求？”

“我安排你们两周内见面。”

这并非凭空想象的交流，这是推介的妙招。如果你真的平铺直叙地推介，你就会只是从你的角度去猜想对方的需求。别这么做，你要使用我教你的原则，向他们问问题，进入他们的世界，发现他们的真正问题，引导他们的想法，你会收获甜美的果实。

不明白该怎么推介时，就不要轻易“推介”，这是头号准则。另外，要确保你说给真正的决策者听。如果你向无权拍板的无名小卒做推介，那纯粹就是浪费时间。在此之前，要有议程，事先约好。对方必须知道介绍的是什么内容。他们得知道听了介绍以后需给出“是”或“不”的答案，“可能”、“或许”、“也许”是不允许的。若费了半天工夫，却听到一个“可能”，你该怎么办呢？最后，我们要永远站在他们的立场上做推介。得到允许后，你要告诉对方一些他们没看到的事，而不是让他们自己发现，这些信息要与推动谈判相关。例如，他们的问题、困难、关注点或你知道的其他相关信息。

要抵制不相干的诱惑，避免言不及义。如果你想卖一座带美丽草坪的房子，可潜在买主对草坪毫无兴趣，那就让草坪自己躺在那儿静静展示吧，你不要抓住它说个没完没了，晚点你总有机会提两句的。“少即是多”，这是体育界名言，意思是去掉某个拖后腿的队员后，整个运动队伍会更强大精干。做推介时也如此。如果史密斯先生最关心马力，那就请他先看看发动机。然后，再让他看看驾驶座的高度，因为他个子比较高，可能那对他来说比较重要。

案例直击

运用这个办法，一名高中运动员进了理想的大学。他从未向那所大学提出过正式申请，是对方主动录取了他。他送上一盘录像带，录像内容就是他最好的推介。多数人都喜欢拍摄自己跑步、接球、持球等动作。可这是大学教练想看的吗？若不是，那教练想看什么，如何投其所好？最好的办法是询问每个教练：“你怎样评判运动员？”这问题不是常识吗？是的，可有多少人去问呢？没有人！这名高中生发现每个教练的答案都不同，常常根据某一点来评判。一名教练重视弹跳能力，另一名看重速度，一名教练强调力量尤其是仰卧举重，一名教练不会录用身高低于6英尺的防守后卫，另一名教练却不在乎这点。没有哪个教练会直说或暗示：“把我看重的强项发给我！”因此，我们的高中生就根据从每个教练口中探出的信息，有针对性地制作了录像带。他是根据教练的喜好来做“推介”，展示他们想看的动作，而不是自己喜欢的或自以为他们想看的。

简而言之，如果你坚持要做正式推介，或者古板的，也可能是别有用心的谈判对手要你做，那就争取做好。使用上述原则。你可以使用幻灯演示文稿或其他文件，用上投影仪、插图、图表、多媒体等等，但那些只是配角，不能凭它们讲一整天。如果你的“高科技辅助介绍”不能解决对方的问题，引导他们思索，那就是在浪费这些技术。

如果你发现了对方的问题并引导出其想法，就无需再做正式推介了。如果你非得做推介，要确保能为他们提供思路，解决问题。

3分钟小贴士

要点需一再重复，至少要讲3遍，能讲3遍以上更好。

情绪要平静，过喜和过悲都是错。只有平静，才容易达成良好协议。

情绪激动时，要记住放长线钓大鱼，会有帮助的。

有消极情绪时，正视它，用以退为进的策略去应对。最好表现得比对方还悲观，让两人站在同一阵线，然后再看看情况有何转变。

NO!

第8章

不知为不知

清除杂念，取得成功

买家要求供应700万个配件，为什么艾赛姆公司坚持只卖350万个？

潜在顾客究竟有什么难言之隐一直不买吉恩的东西？

Blank-Slating to Success

谈判中，你会害怕说“不”和听“不”，引导不出对方的想法，说得太多，倾听不够，甚至在提出很棒的问题之后也没留心听取答案。可你知道吗，它们全植根于无端的假想。

你害怕说“不”,是因为觉得这会冒犯对方,因为对方想听“是”和“也许”。可是，你真的知道他们持何种立场、追求什么和期待什么吗？一开始你肯定不知道！你急切地想签下合同，因为你觉得对方好像签不签无所谓。其实你并不知道他们真实的想法。你可能觉得对方已很清楚自身的需求了，所以无需去引导他们的想法。

保持“白板”心态

大多数人为自己知识渊博而自豪，但若自认为无所不知，便会影响“白板”心态，即在心中预留一块地方，专门用于接收新的信息。如果什么都知道了，干吗还要问问题、听答案呢？若在“无所不知”和“一无所知”中选择，谈判者最好选后者，从零开始，开口询问，揭开对方世界的帷幕。同时，要注意别掉进“他们会想……他们会想……他们会想……”的陷阱。其实，他们想什么你一点儿也不知道！

谈判中，最易滋生预期和假想。要对付这个大问题，办法就是在心中预留一块“白板”，专门用于接收所有的新信息。有了它，你就知道谈判究竟进行得如何，阻力是什么，真正的问题是什么。有了它，你就永远不会被假想或预期误导了。

心中留一块“白板”，善用最真实的信息，而不是依靠错得离谱的假想和预期。

> 托德，见到你很高兴。下个月你能送5 000件货吗？
>
> 能！

你很高兴，因为这家小公司从来没订过这么大的单。可现在，你嘴上却没敢答应。你脑袋里会充满各种各样的假想和预期，是不是？你在想，这个公司必须有足够的钱买这5 000件货，因为你是不见现金不发货。不过，他们买这么多，也许会要求分期付款。你不想让人砍价，但接下来，他们肯定会砍价，不是吗？你在想，他们不可能订到1万件，数目大得超乎想象了，不过，这家公司也许挖到什么新金矿了。你在想，“下个月”不一定非得交货。其实，你根本没和客户沟通过。总之，你干吗不想这次订5 000件和以前通常订2 000件背后的原因其实一样呢？因为情况肯定有所不同。为了这笔单子，更为将来考虑，你应该去揭开真相。

那么，你该怎么办呢？清空大脑，遵循“3+”法则，提出自由式问题。

> “5 000件？简，这是个大单子。你们这回怎么订这么多呢？”然后静听答案。紧接着，你又问：“为什么是5 000件？”答案又被套出。再问：“最迟的发货日期是什么时候？”……你问对方问题，再仔细聆听。

最后，你可能挖出些有用的情报，简也有可能守口如瓶，只关心货物何时送到，并把5 000件的货款全额奉上。不论哪种，你都推进了自己的使命和目标。你恪守自己的谈判策略，严格控制住渴求。你不怕简告诉你令人惊讶的信息，并会善用“套”到的信息。这是聪明的谈判策略。相比之下，马上高兴地跳起来大叫“是！”就差得远了，只算业余水平。

再比如说你花钱修新游泳池。承建商皮特在4月底承诺，到纪念日(指美国对阵亡战士的纪念日,每个州不同,一般在5月30日。——译者注)肯定能完工，彻底完工！想想，若你是有些焦躁的房主，面对上述情况，第一反应是什么？你会问些什么问题？你应该问：

> 很好，皮特，但我想知道瓷砖什么时候运送？哪天能到？供应商怎么跟你说？这活儿需要多长时间完成？

这就是心态，你在谈判的各个阶段都需要的“白板”心态。**永远保持“白板”心态，它不会害你。**

习惯于这种心态后，你会全神贯注于当下，几乎能感觉到自己走出躯体，到达房间的某个角落，静静观看自己的谈判。这是一种极为难得的感觉。我见过许多人从“白板”心态中得到了巨大收获，他们认识到：头脑里哪怕有一点无端的假想，也会给谈判造成大麻烦。

别高兴得太早

在谈判中，有多少次你从对方口中听到：

> 真是太棒了！
> 现在没有什么障碍了。
> 这绝对是目前市场上最好的。
> 我们见面时把这事定下来吧。
> 伙计，你就是我们一直等的人啊！
> 嗯，我的数字是有弹性的。
> 真难相信，你们给的正是我们想要的。
> 这正是我们需要的，它对我们帮助太大了。

对方说出这种话——它们的形式还可以千变万化——究竟是何用意

呢？他们是在给你制造错觉，让你乐观地认为快成交了。如果你信以为真，就铁定上钩了。

“真是太棒了，萨姆！”听到这句话，你会想：“他接受了，我又逮住一个客户！”若真是这样，那无异于自找麻烦。你变得兴奋，渴求。你已不由自主地陷进了假想和预期。你放松了警惕，接着买主就会拿你开刀。“你能给我们多少折扣？”看，来了吧！你的心情一下子从波峰跌到谷底。为抓住这个订单，你忍痛打了大折扣，正常情况的话是每件400美元，“塔米，如果你能买10件，我就给你打8.5折。”妥协游戏就此上演。“嗨，差得太远了，萨姆。你还能优惠更多！”

看看吧，你现在有麻烦了，全是因为你相信了那句“真是太棒了！”如果你什么都不多想，如果你能看穿对方的用意，他其实就是故意赞美你，让你给予折扣。你要使出安抚手段，问问题，引导他的想法：“塔米，你的要求无可厚非，可我无权打折。另外，你们打算要多少？”

让对方“高兴过早”是企业界的常见伎俩，尤其是争取“最低价格”时。假如说大家都知道每个配件正常卖1 000美元，潜在客户宣称自己还有别家供应商，可现在想集中从一家采购整整1 000件，以便拿到最低价格。面对这一大单，你会怎么样？若你不当心，或不擦净“白板”，马上就会大脑飞转：1 000件 × 1 000美元 / 件 = 1 000 000美元。即便打了折扣，也会有大把的银子到手啊，能拿下就是大成功！嘻嘻，这正是对方想在你心中播下的种子。

你沉浸在激动和渴求中，马上给了最低价，并希望他们像捡到宝贝一样，立即签合同，然后开酒会庆祝。可他们不觉得这是宝贝，他们不着急喝香槟，因为他们还要在别家供应商面前要要这套把戏，这经常很管用。最后，他们回来向你宣布，他们决定向几家采购。唉，他们没向你买1 000件，只打算要200件，可还要你给那最低价！另外，他们还明确地表示：如果不给最低价，他们会对你非常失望，他们不愿意听到“不”字。

现在，你该怎么办？你心里滋味如何？高兴太早让你收获了什么？许多精明的谈判者喜欢玩一个经典游戏：报出天大的数字，激得你心痒难受，然后话锋一转，加上“如果”、“并且”、“但是”等等限定条件。当买家是大公司，卖家是小企业时，这种招术最有效。

现在，我们拿拥有2 500名员工，在业内规模相对较小的汽车领域供应商艾赛姆公司为例。一家大汽车制造厂需要700万个配件，要求艾赛姆公司参与投标。这对艾赛姆公司来说可是个大单，超级大单！跟波音对西南航空的订购一样。艾赛姆公司有坚定的使命和目标，强调产品的质量、可靠性，并严格地履行合同。所以，面对大单他们不会得意忘形。他们只是审视自己的使命、目标和谈判原则，仔细研究自身的生产能力，最后答道：“对不起。谢谢你们的盛情邀请，我们生产不出700万件，只能供应350万件。”

汽车制造商完全惊呆了。我相信，他们接触过的别家供应商都会迫不及待地使出浑身解数来满足需求数量。制造商就这样耍弄了他们几十年。制造商说，艾赛姆公司若不能按700万件来投标，那就不选他们了。听到这个，艾赛姆的人一点儿也不吃惊。第一，他们持“白板”心态。第二，他们了解汽车制造商的伎俩。他们坚持只能投标350万件而不是700万件，因为生产能力不足，所以，不想选我们就不选吧。两周后，制造商又来话了：“好吧，你们就按350万件投标吧！”就这样，艾赛姆公司以自己理想的价格中标了。

别抱乐观预期，坚持你的使命、目标和原则。我知道，这说着容易做着难。毕竟，俄亥俄州的著名橄榄球教练伍迪·海耶斯（Woody Hayes）说过：“**赢不重要，重要的是有赢的希望。有希望，才会有好人生。**”参加体育竞赛的人都被教导过一定要“乐观”。这没错，他们应该如此。可是，对谈判者就要不得了，“乐观”容易膨胀乐观预期，会带来麻烦。

真的，太乐观容易产生渴求。

你要清空心里的假想、预期。这需要你拿出自制力，付出努力，并经常练习。记住，没什么是一蹴而就的！

牛刀小试

在办公室、家中的小谈判中，当事情按你的预期发展时，当胜利在望时，当你忍不住想入非非时，千万要冷静！找个借口停一下，休息休息，喝杯咖啡，吃顿午餐，趁机清空大脑，看清真相。这样做是对的，会让你受益无穷。

悲观是剂毒药

谈判中，对方要么刺激你让你喜出望外，要么刺激你让你妄自菲薄，然后才真正展开去谈。比如说买家一上来就告诉你底价，要以这个价格买少量的货。现在，你高兴不起来了，而是黯然伤神：要么不成交，要么不赚钱卖给他们。

别那么沮丧。要知道他们只是那么说说，不要太当回事。一定要坚守使命和目标，不要因为买家要求就随口降价。你只需说："噢，对不起，买几百个配件我们没法给这么低的价位，政策对大家是统一的，其实我们也想跟你做生意，可没办法。你可以找找美国配件公司，这个价位也许能拿到。"

他们可能会去找。无论如何，你不能马上降价，你做到了保持"白板"心态，用委婉的话语安抚了对方，现在就静等答复吧。

再换个角度看看，假如你是买方，正在寻找新的供应商。你若不小心，也会陷入过喜或过悲的预期。供应商说："是的，到下个月我们可以提供 1 000 件，绝对没问题……我敢保证！"你便高兴了。或者，他们说，"对不起，那个日期我们交不了货。"你就着急了。其实，应该把这些说辞当成对方的花招，随后还会有其他变化的！

当你跟某个难缠的人或公司打交道时，可能会觉得谈判无望，认为根本不值得那么劳心费力。每次谈判结束，你都会发出这番感慨。是的，也许真不值得那么费劲儿，若是这样，那就早做决断，规避损失吧。但这决断一定要理性、平静，不要仅仅因为他们难缠。也许明天他们就不难搞定了（或许仍然难搞定），就看你会不会跟他们谈了。

案例直击

几年前，我有一名学员吉恩，在旧金山做推销员。每个月的第一个星期五早晨，他会定期拜访一位顾客。就这样，一年快过去了，对方什么也没买。他有充足的理由悲观，这的确令人泄气，可保持联系并不是件麻烦事，准顾客就住在旧金山湾附近，他经常路过那里；另外，他也挺喜欢这个人，所以就不觉得有什么遗憾了。一天，吉恩早晨错过了拜访，下午才到。准顾客表现迥异，他居然买了东西！吉恩止住猜测，开口询问，并顺便提到为何一年后才买。顾客答道：“噢，是这样，我有糖尿病，每天早晨得花几个小时控制血糖，10时以后才能好转。所以，想想吧，我不到下午是不会买东西的，这已形成习惯啦。我很感谢你经常过来看我。”

天哪！我的学员没有沮丧，也没有胡猜乱测，可竟然忘了搞清对方到底有什么问题！

谈判中，过于乐观和过于悲观都要不得，清除杂念并专注谈判就是一切。

直销人员最易碰到的危险是：由于一直签不下单，结果整个人变得很悲观。若是这样，会有什么后果呢？若是这样，后果可能会很严重：可怕的消沉情绪侵袭上来，会笼罩全身……运动员、谈判者和直销人员都容易这样。怎么办呢？摆脱悲观的预期，你才能整个恢复到起初状态。

牛刀小试

记下某一天影响了你思考和态度的全部预期：大的，小的，乐观的，悲观的，等等。如：你走进会议室，听到大家在笑，便猜会议开得很好；若大家都在生气，则认为会议开得很糟。别忘了记下来。可事实上，第一种会议很容易失败，第二种却会很成功。

不知为不知

那么，假想（另一种容易滋生的杂念）是怎么回事呢？它跟预期一样常见，甚至更常见，并且同样危险。多数人认为自己很善于“识人”，能看透别人的内心和想法。谈判者尤其爱炫耀自己的识人技能。这是专业人员的“常见病”，认为自己对领域内的事无不擅长。

人类最大的悲剧是战争。且不说历朝历代战争的智慧谋略和正义邪恶，只说战略决策者因为错误的“假想”，就发起了几百场战争，白白断送了多少条鲜活的生命，其中一战尤为如此。由于可悲的盲目和愚蠢的估计，整个世界上演了一出巨大的悲剧！在越南，几届美国政府都十分肯定他们知道北越人想什么，会对停止轰炸、恢复轰炸、和平试探以及其他为实现“光荣和平”的种种手段有何反应。他们十分“肯定”却错得离谱。30 多年后，我们都认清了这点。

言归正传。我常常问满屋的学员如何准备谈判。他们说：

我想知道对方在想什么。

我想钻进他们的大脑里。

我想了解他们，因为这样就可以知道他们下一步会做什么了。

很不错。每人心中都有一块白板。等一下，别把结论下得太早！他们接下来会说：

如果我们开出这个条件，我知道他们会有何反应。

我知道他们会怎么想。

不大幅度降价，他们就无动于衷。

他们不会那样做，我知道他们会干什么。

我了解他们，他们会甩手不干的。

假想一出现，心中的“白板”就被扔到九霄云外去啦。这是人性使然。各种各样的假想等着一拥而上把你生吞活剥。

案例直击

我的学员奥斯卡提交了一份2 500万美元的收购提案。他很自信，认为对被收购方的情况了如指掌，正因为太了解了，便没要求6个月的独家协商期，也没要求签保密协议，因为他认为对方不会同意。接下来的事情很简单，不过也在预料之中。对方马上雇了一名投资银行家，把奥斯卡的提案拿给其他3家潜在买主看。很快，奥斯卡发现自己好像在参与竞拍了，价格飙升到6 000万美元！最终，他“拍”到手了，但花了多少无谓的代价呢？若不是他那“伟大的”同时也很“昂贵的”假想，何至于卷入竞拍呢？何至于花掉那么多钱呢？

你“自认为”知道，由此生出假想。你在谈判中做了尝试，成功了，便认为自己知道为何成功。下次谈判，你就带着预先的想法，不去挖掘问题，引导思路，而是因循守旧，照搬上次那一套。毕竟，你成功过，而且原来的办法也管用。于是，你越成功，就越容易认定自己无所不知。假想牵出假想，陷入恶性循环。许多人其实是侥幸成功，这些人追求和实现的其实是业绩目标，他们签下一些单就行了。我要指出的是，你，若想成为最棒最成功的谈判者，就不要被一些小成功麻痹，滋生出种种假想和预期，导致将来悔之莫及。

有多少次，你为了某事去开会，到了那里却发现完全是另一回事？

案例直击

菲尔赶到华盛顿特区见一位客户，商讨合同变更事宜。为此，他做了充分准备，打算提出极棒的见解。到了会上，却发现对方扔给他一个“曲线球”，讲的完全是另一回事。他们不想变更合同了。什么？菲尔怔住了，任由假想闹哄哄地占据大脑：“噢,一定是出了什么事！情况有变。他们突然对我不满意了吗？我的工作都白费了。”

事实上，客户是想让菲尔参与一个新项目。这才是他们的议题，而不是那份老合同，那已是陈年旧事了。他们甚至要求菲尔“估计”一下新项目的投入是多少。

幸好，菲尔是个出色的谈判者，知道任何人都可能被假想攫住。我问他那次谈判是怎么回事，他说：“你知道，我猝不及防。我彬彬有礼地告诉他们，并解释说我整个都扑在合同上啦，得先回去研究一下新项目。”这不是什么祸事，菲尔还保有决策力，打算“改天说说看法”。

有商业经验的人都知道：自己认为不会成交，所以不愿给某个潜在客户或供应商打电话，结果却证明能够成交。许多行业其实都是个小圈子，在里面，经理人和业务员跳来跳去，还落到那几家公司。在半导体领域，你今年向英特尔公司的比尔推销，两年后却在应用公司撞见他，他正担当着同样职位。比尔在英特尔时，你延迟送货。于是，你怕他还记着这段过节，要是你这样想就错了，一定不能这么想！

务必认清：潜伏的假想无处不在，在谈判中，它们的危害跟毫无根据的预期一样，很隐蔽，也很阴险。

语焉不详也容易让我们冒出许多假想：

这什么时候能完成？

很快。

“很快”到底是多快？今天上午、下午？明天，下周，下个月？始终要警惕这种好听但含糊的应答。不要有假想，多问问题，弄清真相。假如你的老友安娜玛丽（她在你有许多生意往来的公司做首席执行官高级助理）无意中讲她54岁了，要退休了。如果你心中有“白板”，就不会只说：“太好了，安娜玛丽。”你还会说：“但我很吃惊，你在巨无霸公司干得挺好的，干吗要离开呢？”现在，你可以得到一些有必要知道的信息，巨无霸公司有无变动，首席执行官的情况等。这是我编的一个情境，在于让你保持彻底的“白板”心态。

想想“昂贵”这个词，它在首席执行官和教师的眼里是不一样的。关键是，首席执行官觉得别人跟自己想的一样，于是，首席执行官便会付出昂贵的代价。下面，有个经典的案例：

案例直击

鲍勃，我15年前的老学员，跟一家先进设备公司的首席执行官见面，商谈该公司从鲍勃那里购买新技术的价格。

鲍勃说：“我们谈了这项技术带给他们的机遇，能让他们增加多少市场份额，以及对华尔街股价的影响等。我引导他的想法，这一点很确信。最后，他问我报价。我说：‘你知道，基于上述原因，它很昂贵。’他让我说具体些。我说：‘实际上，我们还没定价，但打算卖给出价最高的买主。’我问他打算花多少钱买这项技术。他问我有无决定权，若他说的数字令我满意，我能拍板签协议吗。‘是的，’我说，‘我能全权做主。’并告诉他，只要说出数字，我可以当场决定接受还是拒绝。他说了，出价大大高于我的预期。我告诉他，很感谢他的出价，但这个价格比较难以接受，请他三思，想想我方的技术优势，再报数字。

我问他下周五能否最后谈一次。他同意了。再见面时，他出价高于我们期望数字的75%。”

昂贵吗？全看在什么人眼里！首席执行官只是报出了自己认为值得的数字。

牛刀小试

用一天时间，你可以听到许多以“我认为”或“我觉得”、“我想”开头的句子。多准备几张纸，随时记下来。每个意外，不论多小（如“吧台服务员怎么不友好？”），都是由假想（如“服务员就应该友好！”）导致的。一天结束，你会很震惊：自己和别人怎么有这么多假想！日常生活中它们多数无害，但在谈判中，多数无益。

好在你还可以给别人“种”假想，若对方允许，何乐而不为呢？跟首席执行官谈判时，鲍勃使用“昂贵”一词就是这个目的。事实证明，我的邻居迪克是激发假想的高手，当然，是以非强迫的方式让别人做出糟糕决定，自己捡便宜。顺便说一句，在我提出“白板”心态之前很久，他就独擅此道了。例如，他近期去一家五金及园艺商店，想买割草机，好几个月前他就看中了其中一台。

他走进去，店员上前：“你需要什么，先生？”“我看中了这台骑式割草机。”“噢，它是最好的！”“绝对是！”

现在，你想店员是不是充满乐观预期了呢？你会觉得他已想入非非了吧？肯定会。千万别高兴得太早，迪克正准备收网呢。他两眼直直地逼视店员：“为什么这么贵？”“先生？”“为什么这么贵？”“……请等一下！我替你想想办法。”

5分钟后，迪克得到七折优惠。店员认为迪克就是想便宜一点儿，不打折他就不买。可事实上，他不知道迪克已垂涎那台机器好几个月了。

电子邮件也是种植假想的好方式，因为大家倾向于快速阅读，快速回复，思考空间太少。比如说你收到一封邮件：

> 我们的政策规定必须签合同，你们做得很出色，首席执行官很欣赏，但是，不签合同我们就没法与你们合作。

种下的假想在哪里？如果你没发现，再读一遍。

这个词便是“政策”。人人都有政策。有些政策是强制性的，有些不是。在这封电子邮件里，它就不是，但发邮件的人希望对方第一反应把它理解成强制性的。

先调查后发言

只要轻点鼠标，你就能驱除许多假想。今天，我们可以使用Google、Ask、Yahoo！等搜索引擎，调查比任何时代都容易。显然，调查是清除无端假想的最佳工具，没有理由不去用它。20年前，去趟图书馆得走几个街区，多麻烦啊！今天，网络就在面前，用它吧！我的学员泰丝从事知识产权和专利保护工作，离不了这类调查。每年，她的公司会花大量时间调查和追踪侵权案件。其中一次重大发现是：有一伙公司居然非法使用专利包装长逾5年！激烈而漫长的谈判展开了。最后，侵权公司总共赔偿了2亿美元的专利权金！

很多大型跨国公司会把自己的供应商、顾客等摸得一清二楚。而相互竞争的供应商，他们知道对手的财务状况、强项、弱点、谈判策略、谈判成败、决策过程，甚至连关键决策者的个人情况（教育程度、家庭背景、个人爱好等），都了解得清清楚楚。

然而，并不是所有的人都会这么做。我很惊奇，有许多谈判连最基本的调查（上网搜索、看商业报刊、研究财务报告和年终报告以了解对方公司、行业、市场以及相关的一切）都没做就展开了。

假如一家公司一上来就说要向你们订1 000件货，你可得当心了。如果你们做了调查，掌握了这家公司的情况，知道他们的竞争对手、产品市场、新的销售和客户群（从公司对外文件中得知），从而推断出他们3年来没有大发展：运转正常但不兴旺，短期内也不会垮掉。他们可能真想要1 000件，但只能消化不到500件。他们也真是大胆！幸亏做了调查，否则你会被数字吸引，生出无限遐想，给出大折扣，然后被当头一棒：他们实际订货量很少，折扣要一样！这个久经验证的花招会把许多谈判者骗倒。可是，若你持有“白板”心态，愿意做调查，就会躲过去。你们最后不一定能达成协议，但肯定不会作出错误的决定！

做好笔记

调查必不可少，但我们还有万无一失的武器帮你实现“白板”心态，它最好、最易用且简单得令人难以置信：**做好笔记**。

从本质来讲，当你停止思考，开始记笔记时，就把自己植入了对方的世界，那正是你该去的地方啊！只要拿起笔，铅笔也好钢笔也罢，你就在朝他们走去。记笔记时你要倾听对方，你就不会讲话，言多必失。另外，边听边说也要不得，要专注地倾听。如果你改不了话多的毛病，就没法拥有“白板”心态。记笔记可以帮你把嘴闭上。

不论是参加论坛、会议还是谈判，我都能迅速分辨出谁是在座最成功的人。他们专注聆听，做笔记，完全藏起自己的想法，尽可能多地获取别人的想法。他们持“白板”心态，设法弄清问题。你必须以这些成功的人为榜样。为了保持“白板”心态，大脑里哪怕最低的声音也要安静下来。

把每个词听得真真切切，就像辩护律师听取证词一样，就像最好的医生听取病情一样。西格蒙德·弗洛伊德（Sigmund Freud）教他的学生：首先，要尽可能敞开胸怀去听，然后才是诊断。倾听时，你不易分神，不会想接下来自己该说什么，不会打断别人的提问。记笔记时，你更容易控制自己的情绪，精神放松，身体舒适，完全沉浸在谈判氛围中。你不会激动，也不会失望。你还会让别人感觉更好，因为你在记下他们的话。想一想，当你说话时有人做笔记，你会不会很感激？当然会！

棘手的谈判噪声很大，让人发懵。有时是争吵，有时是干扰判断的言论。不过，喧嚣中也埋伏着许多线索，记笔记会帮你理清思路，体察对方的情绪和状态。我经常给学员讲普利斯帕公司和日本公司的谈判，下面是事后的笔记内容，通俗易懂。

斯坦（日方的主要谈判者）认为，整场谈判中我们缺乏准备，一开始乔就在公司会议上遗漏了重要信息。史蒂夫（日方的另一谈判代表）认为，乔虽是位销售新人，但此举不够负责任。

所以，普利斯帕方被贴上“准备不足”和“不负责任”的双重标签。

看，噪声已在嗡嗡作响了。

斯坦提到两件事：一、合同问题；二、我方缺乏诚意。他们认为，他们对项目的实施抱有200%的诚意，他们在公司会议上表达过，但我们一点儿都没有。他们数次提到，根本不知道我方需签合同，然后才进行合作规划。他们认为，诚意比合同更重要，我们应该同意他们的工作流程。所以，我们还是缺乏诚意。

噪声变成喧嚣了。

(对方想让普利斯帕方承受巨大压力。)

N先生说，他们已为项目放下其他的工作。现在，我们的谈判失误毁掉了他们的努力。

(全是情绪化的指责，但普利斯帕方保持平静)

N先生说，所有卖主都接受他们的工作流程，都知道这样才能跟他们做生意，才能得到日本银行的配合。他暗示我们对日本文化一窍不通。

所以，我们除了准备不足、不负责任、缺乏诚意外，又多了三条：无知、愚蠢、天真。

斯坦说，我们可能不知道N先生是谁。他是日本的重要人物，非常可敬，非常著名。

暗示我们竟然愚蠢到了不知尊重对方的地步！

（我们平静地听着，只管记笔记。）

对方已声嘶力竭了。

史蒂夫说，与N先生相比，我们既“不道德”又“不公平”。N先生认为我们的做法确实不公平。

又给普利斯帕方扣上“不道德”和“不公平”的帽子。

噪声这么大，压力也在膨胀。

他们断然离去，连手都没握。

他们选择愤然离去，希望我们为犯下的错误忍受煎熬，不击自溃。

我承认这是一次棘手的交锋，可是，在任何谈判中，情绪都可能失控。记笔记是最佳办法，不但帮你清空大脑，控制冲动，甚至还能让对方平静下来。上述谈判中，记笔记没能止住对方的挑衅，却让普利斯帕方处于可控状态。

笔记实际上是一份文件。有多少次，你发现没法回想起某一点？你能想起个大概，但细节呢？更糟的是，你甚至忘了说话人是谁：休还是萨利？吉姆还是约翰？别拿“我不擅长记名字”做借口，如果你连名字都记不住，那又有什么忘不了的或弄混的？

案例直击

我的学员约翰和杰夫两兄弟正在跟路易丝谈判，期望得到他们的咨询服务。起先，兄弟俩想就11个主题做24小时的咨询。路易丝的报价是4.8万美元。谈判进行了3个月，经过4次交涉，咨询时间压缩到14小时，主题限定为6～7个。路易丝同意服务费用按比例缩减，但最终由实际服务小时数决定，在此过程中，路易丝一方没人做笔记。谈判结束后，路易丝提交上来的方案是：培训2天，共计18小时，咨询10个主题，报价4.2万美元,跟约翰和杰夫的记录完全不符。路易丝忘了小时数、主题数,甚至没提最终实际小时数的事。这让我的两位学员质疑她的能力,怀疑她到底在搞什么名堂。不论是哪一种,她眼看就要失去这笔单子却浑然不觉。约翰和杰夫直接跟路易丝的老板通电话,对方立即同意几天内予以解决。他问兄弟俩愿不愿意把会议记录拿出来看看。当然没问题!翻开一看,真相大白。

是的,你可能说:“我从来不会搞错数字。”希望如此,可若做做笔记,就能确保万无一失了!

做好笔记有百利而无一害,它可全盘记录整个会议进程。多数人只能草草记几行,可要记好就需要本事喽。起先,记下简短的概要,接下来再填充内容。然后,写下讲话人和他说的关键词。在会议或谈话结束前,最好能跟对方确认一遍,以免大家心中有疑虑。

牛刀小试

下次开会时,别急着掏名片,掏出你的笔记本;下次打电话时,拿起笔,认真地倾听和记录,即便那是你母亲打来的。这可能是终极挑战,对一个亲人拿出“白板”心态。

别人说话时,请停止自顾自地思考。清空你的大脑,专注地倾听他们说的每个字、每个词。进入他们的世界,而不是徘徊在自己的空间。

当心秘密

自己不要泄密,让对方去泄密。这就要求你不要无意泄露重要情报,并时刻准备着捕捉别人的信息。

自己失言迟早会惹祸上身。亚瑟在招聘一位极具才华的年轻人来公司担任高级职位。我建议他先听听应聘者愿不愿接受此处的职位和薪水,再抖出具体数字。为什么要这样呢？想想吧，没有接受或拒绝的承诺，亚瑟很容易被应聘者耍弄。他亮出了自己的数字，对方（但愿是个好人）会利用这个数字跟其他公司甚至是目前尚未离职的公司谈判，这样一来，亚瑟就被搅进双方、三方甚至是多方的竞争中。亚瑟拒绝了我的建议，结果不出所料，他的出价只是起点而远非终点。他本应该说："我们给的薪水是业内较高的，但要知道你是接受还是拒绝，才能告诉你具体数额。我们不想让它成为你跟现在公司讨价还价的砝码。"这种做法很公平。可是，公司因为害怕应聘人员离去而过早亮出底牌，结果对方真的离去，因为他可以凭这个数字另谈交易了。这种事情司空见惯。

大师手记

我跟同事菲尔应邀考察一项新发明，我们很有可能跟对方合作来把它推向市场。见面后，大家寒暄了一番就切入正题。3个小时后，我们的耳朵被灌得满满的，脑袋被塞得胀胀的，全是信息！没有人要我们签保密协定，就给出各种各样的信息，让我们搞懂该发明到底是如何神奇地改造城市污水处理系统的。我们无意窃取信息，可如果他们也告诉了别人呢？后果让人不寒而栗。

他们急于让潜在合作伙伴或投资者认同，结果适得其反。他们最应花时间了解我跟菲尔的情况，讨论我们跟他们的合作兴趣，从而让自己受益更多。他们完全可以引导我们，共同制订出商业计划等。可实际情形呢，他们把我们吓跑啦！他们那么急于泄密，是不折不扣充满渴求的商人。

你可能觉得，书面形式不太容易泄密。其实不然，想想那些"意外"的邮件。有多少次，别人往你邮箱里发错了邮件？又有多少次，你发出或收到错误的文件？还有多少次，别人用邮件问你问题，你回答太详尽以致泄密？我敢打赌一定有过，因为我每天就能收到类似的邮件：

你知道，我会全力以赴维护我们的交情。我不想看到别人破坏它，请记住这点：你再坚持坚持，就能争取到更多的折扣。考虑到两家的关系，执行委员会已批准了。所以别担心，再强硬一点，你就能争取到手了。

这是把秘密直接送进对方耳中。

请别说这是我说的，可我真的很喜欢跟你共事。我告诉你我们的预算很有弹性。今年我们做得不错，有喘息的空间。我不能再多说了。在你递上建议书前，如有任何不明白的问题，只要我能回答，尽管给我来电话。

这虽不是公然泄密，但结果也差不多啦。

人们为什么会这样说？为什么要自乱阵脚？正如前面所讲，都是渴求惹的祸。他们需要被重视，需要感觉良好，需要做点儿东西，或者是故意“制造”秘密，挑起你的无限期望。

知道我这样说，苏珊会开除我……可实际情况是你们的产品报价正符合她的预算，而且技术也比别家先进。

这到底是泄密还是制造秘密呢？好好想想吧！永远小心翼翼地面对秘密。不要预期，不要假想，多问问题，按自己的原则行事。

整本书中，你都可以看到谈判者运用大量采购、长期合作等手腕，让天真的对手心中涌起渴求和乐观的预期。现在，我再补充一点，对方希望你高兴之下不自觉地泄密。他们可能这样问：“杰夫，你们定的最后期限真的是死的吗？”或者问得更有技巧：“嗨，杰夫，你们定的最后期限真不合适。”这些都在怂恿你出于友谊和对谈判的美好期待，脱口而出：“保罗，你知道，‘死日期’不也是人定的吗？总有一些回旋余地！”

不要说得太多，听得太少，你要记住言多必失。谈判者若是管不住嘴巴，最终会破坏自己的谈判，追悔莫及。若你专心倾听对方，任其口若悬河，就能接收到好多泄漏的秘密。他们的渴求会带他们滑向追求感觉愉悦、渴望被重视的深渊。

你知道吗，要清除预期，摆脱假想，学会以听代说，做好笔记，并识破“真假”秘密，你需要时刻保持警惕，这不是开玩笑。多练习，你就能做到“白板”心态，你要确保内心没有丝毫杂念并极易调整。另外，你要养成经常回顾谈判的习惯。你心中的景象变了，自己也随之改变。可是，即便你很小心、自制，外界的情况也会对你产生巨大影响。比如说，若你疲劳过度，就很难专注；若你头天连夜加班，就容易烦躁；若你的家庭发生了风波，你就根本静不下心。因此，我郑重地告诉你：若你的内心没法保留“白板”，那只有一个选择，即取消此次谈判。“白板”心态的重要性绝不容小觑。

牛刀小试

谈判前，先想象你问问题，记笔记，用上所有的谈判武器的场景；看到自己完全处于“白板”状态，不抱预期，没有假想，也无渴求和恐惧。即便你是经验丰富的谈判老手，这种练习对你也大有裨益。

3分钟小贴士

打电话、写邮件或开会前，抽出时间检视自己的态度和心境。

有没有预想得太好？如何去摆脱？

有没有预想得太坏？如何去摆脱？

你有没有任何假想？

当你准备好少说、多问、仔细倾听时，看看有什么奇迹发生。

NO!

第9章

谁来拍板

找到真正的决策者

跟联邦政府军需机构打交道时，奇普遇到重重阻力，最终他怎样找到了真正的决策者？

约翰是如何绕过“绊脚石”，得到橄榄球教练一职的？

Finding the Real“Decider”

谁来拍板？谁是真正的“决策者”，如布什总统声称自己是决策者一样？谁是对方机构里真正的决策人？乍一听，这问题实在简单，可对所有谈判都至关重要。如果你连真正的决策人是谁都不清楚，又谈何有效地引导对方的想法？你没法引导！所以，谈判一开始，你就要尽快了解对方的决策过程。通常，机构越大，决策过程就越复杂，越难弄清楚。一会儿是这儿拍板，一会儿是那儿决定，一会儿是别处负责。当你跟一个大公司打交道时，弄清这点实属不易。

跟我说吧，我会报告董事会。

如果我觉得好就会推荐，他们会走一下形式，批准我的建议。

你只要根据要求来投标，剩下的我来办。

可这不管用，是不是？T. J. 在邮件中说克里斯是决策者，千真万确，只要克里斯同意了，就没问题。可克里斯同意后，又说，其实最应该去见劳伦。在大公司里，类似踢皮球的现象很常见，且并非有意为之。想想，有多少次你作为工作或生活问题的唯一决策者，最后却征询了别人的意见和批准？坐在对面的谈判者也一样，经常，他说得很多，但并不清楚自己公司的决策过程，或不知道这场谈判由谁拍板；决策过程很复杂，甚至瞬息万变，你得帮助对方弄清楚。

案例直击

奇普正在跟联邦政府谈一项新合同，事关向美军基地提供运输备件。双方以前签过一份老合同，但快到期了。要想签下新的，得搞定对方。奇普作为新人上阵了。他跟一名军需官见面，对方收取了他的资料。谈来谈去，焦点集中在价格上。奇普告诉军需官，他很抱歉，但价格降不了。“那好吧，我们没强迫你，我们也没法和你们合作。”这就是答复。奇普作过调查，发现唯一的竞争对手已然离去，因为给不出对方要的低价。

所以，奇普手中就有了“王牌”！被拒后，他要求跟这个供应站的军需领导见面。对方也说了“不”，并且强调上一位军需官的看法：要么降价，要么丢单！奇普非常清楚，这批运往到伊拉克战场的备件，供应商少得可怜！他决心找一个能拍板给出公平价格的人。

他找到一位主管上尉，对方老调重弹。奇普要求见更高级的长官，得到允许，但对方也说了同样的话。这种情况一而再、再而三地发生。最终，奇普跟五角大楼的将军见面，对方很惊愕：“什么？竟是因价格原因没谈成？”

问题解决了。奇普揪出了真正的决策者。他老是被拒，不是因为没能引导对方的想法，而是因为那家军需机构的预算确实有限。他的前任在对方预算范围内达成了交易，而奇普作了调查，决定争取一番。奇普的老板恨不得早20年就让奇普跟这家军需机构打交道。

在各种各样的谈判中，找不到真正的决策者是极常见的错误。这个错误会浪费时间、精力和金钱，甚至导致无效的，没意义的谈判。

大师手记

我知道一家公司想收购另一家小公司，谈判进行得很艰难。我多次问收购方的首席谈判代表：“到底是什么让价格飞涨?”这个聪明、勤奋的家伙却答不出个所以然。他确信是对方的董事会决定的，但在过滤决策人时，却颇费周折。律师？不是。会计？不是。继承人？有可能。继承人通常是小公司的大股东。现在，谁持有股份最多、影响最大呢？他不知道，但能找出来——公司创始人的遗孀才是真正的决策者。很快，收购圆满完成。

原来，在遗孀心目中，卖掉已故丈夫的公司就是结束了他的遗产。她怕别人忘记他和他的成就。丈夫是个发明家，她很希望找一种方式纪念他，尤其是让孙子和曾孙们记住他。因此，价格就一直飙升，直至遇到愿意尊重这份遗产的买家。要想成交，就得找一种好的方式纪念那位创始人——那位遗孀的丈夫。

谈判者为什么常常找不到真正的决策者？我认为主要原因是他们不敢跟真正的决策者当面过招。他们实际上很清楚（即使是在内心的某个角落），他们是在跟“非决策者”谈判。他们知道自己沉迷于这种无偿行动，但毕竟没什么危险性，幸运的话甚至有可能成交。但使用说“不”的策略，你就有本事跟任何人谈判。不管决策过程多么复杂，不管对方的“局”设得多么精巧，你都有办法破解，并揪出真正的决策人。你一点点地套取信息，直至得到所需要的一切，就这么简单。

如何与信使过招

许多次，你谈判中遇到的第一个人只是个信使。你递上资料，希望这个人会传给负责人。过去，你可能把资料准备得整整齐齐，但现在不会了。你知道，一递上去它们就属于信使了。你失去掌控，不知道信使究竟会不会信守承诺递交上去，或者懂不懂该交到谁的手中。你不知道他在决策者眼中有无分量，甚至不知道他有没有机会见到决策者。另外，即便他真心帮助你，也有可能遭到别人的阻挠。

所以，跟信使打交道时，你该怎么办？要跟信使协商好，知道信息将如何传递，从而让自己能跟踪决策过程。

盖伊跟你说："我负责处理这事，我会把你的方案递上去。"

"非常好，盖伊。我会全力以赴帮你向同事介绍。你愿意在这儿先听我介绍我很高兴，如果你不感兴趣可以直说，我们就拿回去；如果你感兴趣，我希望能跟你一起见见同事，详细讲讲情况，回答所有提问。好吗？"

当然好！可是，若盖伊召集不了大家开会怎么办？要是上头只要从你这里获取信息，别的不干，该怎么办？

"你知道，我不肯定能递给上面的什么人。老板要我了解一下情况，所以我就叫你来谈谈。"

"谢谢你，盖伊。你的位置使你很为难。我想我可以帮你。你觉得我们什么时候能见到你的老板？"

若是由小组作出决策，而现在的接触人连小组里有谁都不知道，那该怎么办？

"委员会分配给我这个任务，但我真不知道最终谁会参与拍板。"

"那么，我们该邀请谁来看这份方案？我们什么时候能弄清楚并跟整个委员会见面？"

这里怎么讲？你在保护你的方案，也在保护盖伊的良好感觉，这对你很重要。当盖伊接受了你的方案，就会为你争取，或在上司面前极力推荐。这办法很管用。如果不行，如果盖伊从不允许任何人带着方案越过自己，如果他对你感觉不爽，并担心委员会对你不满甚至责备他，你可以这样做：

> “盖伊，我知道只有你能跟委员会说上话。所以，如果你不喜欢我们的方案，请直接告诉我，我不会再打扰你。如果你认可我们的方案，愿意推荐给委员会，请让我告诉你该如何转述，该说什么。最好能允许我站在会议室外，以便委员会询问时及时作答。这样，即便有什么问题，你也会很从容。好吗？就这样定了。”

若是盖伊不同意怎么办？你就得这样说：

> “盖伊，我知道委员会开会时不允许有外人，哪怕待在会议室外也不可以。我想告诉你如何讲述这份建议。另外，希望你允许我在你办公室等待，这样，如果遇到问题，你可以随时找我，我会提供你需要的信息。当然，如果你今天不接受这份建议，也没关系，我不会生气。直接告诉我，我就离去，下次再找机会合作。”

如果盖伊还是不为所动，尽管不太会，但总有可能，你就得决定还要不要在此劳心费力，因为情况不容乐观。这场谈判你投入了多少？是不是太艰难了？你一定要拿下吗？没有你的参与，信息是不是不该泄漏？若是拒绝盖伊的要求，会不会让他发现自己错了，会不会让他觉得你做得不错，愿意让你自己做介绍？有可能出现各种情况。但是，只要按自己的原则行事，不论你作出什么决定，都会是好的。你保护了拦路虎的良好感觉，并给他许多说“不”的机会。你没有强迫他同意，你很多次引导他的想法。如果你决定向盖伊说“不”，也会有回旋的余地，因为“不”只是谈判的开始，远非结束。

卓越的谈判者会游刃有余于决策过程中，甚至享受层层深入寻找真正拍板人的游戏。你一个个地过滤干扰视线的人。你总是问自己：谁还没进入我的视野？他是谁？你没有假想，不乱猜测。你做调查、询问，随时准备发现多个决策者，有能力并且乐意与他们过招。这个过程并不轻松，可是没有决策者，就没有决策！

冲破重重阻力

在寻找决策者的过程中，你经常遇到的最大问题是，对方的某位信使告诉你，并向你一再保证他就是决策者。事实上，他并不是！为何会这样？很简单，人人都想感觉良好，而说“我得全部报告给部门经理”的感觉不好。

毫不夸张地说，公司的决策过程是由想感觉良好的人推动的。走进接待区，看看前台人员想要什么？想感觉好。这是人性！谁想觉得自己只是办公室的小土豆呢?！大公司分出许多管理层级，又重重细分：高层经理、中层经理、商业拓展、工程技术、法律、人力资源等。在这种大环境里工作的人常常感觉自己要被吞噬。他们知道自己可以被替代，因为他们看到许多公司的高管突然辞职或降职时，公司仍发展得好好的。他们想在这大堆的人和事中脱颖而出，做点有益的东西，感觉好一些。因此，他们拼命挤进决策过程。

找出真正的决策者后，也很难接触他们，因为还有许多“绊脚石”横亘在中间。当心这些笑里藏刀的家伙，永远对其表示尊重，但千万别掉进他们的陷阱。多琢磨，绕开他们的雷区。“绊脚石”可能是挡你电话的前台，或是经理助理、副经理，或是你当初“错认”的决策者。这很糟糕，**台前的老板可以挡住幕后的老板**。在一次复杂的谈判中，对方所有人都认定己方的某某是决策者，其实不然，只有直接接触他的人才知道。后来证明这家伙是块绊脚石，每个参与决策的人都被他封锁了消息。

在许多公司中，采购部是块大绊脚石，他们处理文件却没法作决定，这是众所周知的。不止一次，我的客户绕过采购部，去跟真正能作决定的人谈，从而跳出谈判的恶性循环。

不得志的员工也很容易成为绊脚石。有个评审小组的头儿，他在公司里受到冷落。身边的同事都在升迁，他还在原地踏步，心情很郁闷。他对作过的决定防御心理很重，总会竭力证明自己是对的。这是人性使然。其实，他作过一次错误决定，给公司带来了巨大损失。所以，他变得更有防卫性。我的学员跟他打过交道最终赢了，可过程很不容易。

父亲可以挡住母亲，母亲可以挡住父亲。老师可以挡住校长，市政委员会可以挡住市长。如果你不能锁定并绕过这些挡驾者，就会陷入艰难漫长的谈判，因为他们无法作出实质性决定。

永远记住，高高在上的老板不见得是决策者。我提到布什总统，他说自己是真正的决策者。那我再谈谈林肯总统。南北战争期间，多少人请求他——否则还能求谁呢？——会见、开恩等诸如此类。一次又一次，出于种种原因，他没能也不会去做到。可以想见，国防部长、国务卿、私人秘书、妻子、格兰特将军以及许多其他直接参与日常决策的人都会影响他或越过他。这种情况在所有复杂的机构里都很常见。

绊脚石认为自己施加阻力了吗？有时是，因为他们有意为之。伟大的领袖如林肯身边就围绕着许多深谙此道的人。可是，有许多绊脚石不这么想，他们只是一味地追求良好感觉。他们本能地防御，认为他们的任务就是阻止前进，制造障碍，最终毁掉你的努力。除此之外，还可能有其他原因。他们处境可能不好，他们妒嫉，因为你可以代公司作决定，而他们却不可以；成交后，你可以赚大把的提成、佣金或奖金，他们却什么都没有。简而言之，交易达成对绊脚石有什么好处吗？没有。所以他们最不高兴的就是达成交易，你要当心这些人。

擒“贼”先擒王

有很多办法可以绕过绊脚石。最简单的就是直击高层。这样做会怎样呢？高层可能把你踢给绊脚石，这是好事，因为你是上面介绍来的。

另外，绊脚石知道需要跟你谈，也知道你心里清楚他是个绊脚石。

直接接触高层你就可以直接向高层汇报。当你抓住了一张通往高层办公室的通行证，绊脚石也得对你拿出几分尊敬。如果高层有时间见你，绊脚石就没法不匀出时间，或者说他最好找出时间来帮你解决问题。如果你接触不到高层，也没关系，可以先和绊脚石交涉。

丁零零零！丁零零零！

“你好，这里是达拉斯牛仔（美国职业橄榄球联盟在德克萨斯州的一支球队。——译者注）我是塔米。”

“塔米，我叫约翰·哈里斯，我需要你的帮助。我想知道，如何跟琼斯先生和帕斯尔斯教练见面并进达拉斯牛仔当进攻教练。我应该提交简历、申请书和推荐信吗？我是不是该与他们见面？应该先跟谁谈？我很感谢你能给予指导。”

“好的，约翰，你先把简历、申请书、推荐信发给我。我会安排人审核并回复你。”

“太谢谢了，塔米。还需要我做别的吗？”

“不需要了，约翰，我会回复你的。”

“我可以打电话来，问问你还需要什么吗？”

“可以的，约翰。”

“谢谢你，塔米。再见！”

打完电话，约翰得到什么了呢？得到了指导，知道了流程，明白该如何推进。现在，关键问题就是简历有多好，推荐信有多有力。它们能不能起到推动作用？塔米会不会有好印象，愿意递上去？

再来看看约翰的追踪电话：

丁零零零！丁零零零！

“你好，这里是达拉斯牛仔，我是塔米。”

“你好，塔米，我是约翰·哈里斯。一周前我跟你打过电话，想向帕斯尔斯申请进攻教练一职。请问你收到我的简历和推荐信了吧？”

“是的，约翰，我收到了。我交给了帕斯尔斯教练，他说他很感兴趣，要我安排你来达拉斯面谈。你什么时候有空？”

“嗯，我11月第一周在奥斯汀，随后就能赶过来。你觉得帕斯尔斯教练哪天方便？”

很容易，是不是？简直太容易了！这种事很常见，说到底，不就是谈判嘛。

3分钟小贴士

找出决策者的过程并不容易，但是记住：没有决策者，就没有决策。

跟信使和绊脚石打交道时，多使用安抚法。拿出些创造性来，试试吧。

第10章

想要就要得到

按照议程行事

史蒂夫在与一家世界500强企业的采购小组交涉时做错了什么，以至于谈判毫无进展？

贯森如何挽留打算辞职的骨干设计师？

Building Your Success with Agendas

谈判中的每项沟通都需要议程，甚至连打电话、发邮件也需要议程。这听起来很过分，其实则不然。打电话、写邮件时，你是有目的的，对吗？是的。那目的是什么呢？写份议程能帮你明确目的。写下议程，你对谈判会更胸有成竹，可以优先安排重点事务。若是小组谈判，那么必不可少的议程可确保团队与对方不同人士打交道时立场一致。

这里的议程跟大多数谈判者和商务人士的迥然不同。通常的议程只列出需谈事项，没有明确的顺序；即便有顺序，也经常会被打乱，然后就任由讨论牵着鼻子走了。你的议程必须做得更好，不要担心准备过程会累倒你。在短时间内，你就能学会自然而然地去筹备部署。你投入很少的时间和精力，却增强了掌控谈判的能力。议程会告诉你下一步该怎么办，让你持续作出有效的决定，并使你头脑冷静、发挥正常。

议程 5 要素

有效的议程包含以下 5 要素：

- 问题。
- 你的包袱。
- 对方的包袱。

- 你想要什么。
- 下一步怎么办。

前3条是“可选项”，并非每份议程都有。但“你想要什么”必不可少，因为你写每封邮件、打每个电话、开每次会议都有所期待。“下一步怎么办”也是少不了的，因为总得往下继续，不是吗？

在详述每个方面前，有一点需再三强调：唯一有效的议程，是会产生结果的，跟对方“谈好”的议程。花点时间，确保你真正理解这一点。议程的每项内容必须让对方知道。因为对方若始终无准备，又怎么能同你达成长期有效的协议呢？你甚至可以把议程告诉他们，让对方考虑考虑！当然，你要给他们说“不”的机会，并用“3+”法则强调自己的观点。

对方越了解议程，感觉就越自在。他们会欣赏你的能力，欢迎你的努力。现在让我们了解一下议程的各个要素对谈判有何作用。

问　题

从议程的目标看，问题就是你认为需要解决、阻碍你成功的所有东西，甚至是想象中的问题。待明确后便会发现这一点都不是问题，仅仅是想象出来的。但事实是它一直盘桓在一方或双方大脑中，犹如空气一般四处弥漫，并且必须解决。而且，不管问题有多难或多易，不管表面上或实际上有多严重，都需要处理，因此要写进议程中。

有时候，一开始双方都看不清问题，或过了很长时间也弄不清。但更常见的是，谈判者害怕发现问题，或认为问题会自行消失，或希望对方也看不到，让事情自行解决。谈判中，这样做没用。

最近，我们给一家新客户做培训，很快出了岔子。课程被取消，学员也不见了。这是个问题，我们知道该怎么办。写进议程里，当面谈判！这样做时，很快就摸清了真相。原来，首席执行官下面的一位经理阻碍了这次培训。培训是首席执行官的主意，但经理作为领队不愿意受培训纪律束缚，不想负责，也不想监督大家。首席执行官早注意到这一点，但决定照常培训，并希望问题自行消失。可是，不解决它，我们如何培训下去呢？只有谈判，确定问题所在之后，才能找到解决方案。

看不到问题是一回事，随着时间推移，它们总会浮出水面。故意回避问题或要点小手段，如首席执行官做的那样，又是另外一回事。后者是不管用的，想都别想。面对问题时，应主动出击，彻底解决。

回想前面讲到的普利斯帕公司跟日本公司的谈判，日方真是强横，但普利斯帕一方只是安静地坐着，记笔记。谈判前几周，普利斯帕一方认定并写进议程的唯一问题是：日方首席谈判代表比较难缠。他是个问题，应该写进议程里，设法解决。可是，在我加入之前，没一个认为日方不愿签合同是个问题，应该写进议程。最大的问题却没被看作问题——不用说，这样谈下去是没结果的。

每场谈判都有自己的问题，你会发现，其中许多问题跟找到真正的决策者，创建使命和目标，引导想法等大原则有关。

有关决策者的问题

- 我们不知道该跟谁谈。
- 我们不知道谁该对此负责。
- 我们不知道谁负责学校的纪律问题。
- 我们不知道谁对此投入了最多的时间和精力。
- 我们还没跟整个委员会谈过，以弄清他们的决定。

有关使命和目标的问题

- 我们还没仔细想过打算谈什么。
- 我们没考虑他们的情况。
- 我们没有列出自己的特色和长处。
- 我们没有考虑自己的责任，没做足够的调研以确定长远的整体目标。

有关引导想法的问题

◆ 我们公司不知道贵公司将这项新计划用在哪里，因此，不知该为你们解决什么问题或难点。

◆ 我们公司不了解你们面临的挑战，不知道终端用户想要什么。如果不了解终端用户的详情，就没法提建议。

◆ 作为本校的教师，我想讲讲学校近期的问题，你也可以了解我们的解决方案，以便对我们放心。

◆ 琼斯先生正需作出决定，事前，我们没花时间帮他看清会有哪些成果。我们做得很失败，我们没能帮他们看清面临的挑战。他们公司各个部门有分歧。

当你正视问题并进行处理时，对方也会重视你。这让他们感觉放心，当然，也会帮你提升自尊。谈判有无进展，最直接的办法是看你能否处理好最棘手的问题。如果你努力地挖掘并解决真正的问题，你就掌握了说“不”谈判策略的真谛。

有一点很关键，挖掘问题要先自我评鉴。如果你的做法有错，那么这就是个问题。正视这一点，并把它列入议程。

我给你施加了太多压力，实际上毁掉了你的机会，我很抱歉。我再也不会这么做了。

我没能好好地执行这个方案，这是我的问题。

与此类似，也要当心自己的团队。队员们制造的问题有时明显，有时隐蔽。

有一家制造商向一家世界100强企业供货，史蒂夫是其销售代表。跟他交涉的采购小组非常强硬，逼得史蒂夫对他们很

不客气。这种态度在言谈举止中流露出来，使史蒂夫变得极具攻击性，且没有耐心好好提问，当然，谈判也毫无进展。史蒂夫的团队领导检查谈判记录时，发现上面全是尖酸刻薄的用语，史蒂夫的态度有问题！解决方案：马上换人，并把他的态度写进议程，下轮谈判时跟对方说明。问题迎刃而解。

谈判者自身常常就有问题，所以，我写下这个法则：**先把你自己和自己的团队看作问题的根源。**

问题看来无法解决时，你可能放弃。若这样，你就是真正的、最大的问题，因为你不敢迎头面对加以解决。你可以这样去想：如果你不解决每个问题，就没法达成协议；如果去解决了，你就有成功的机会！这样想，你就会积极去解决问题啦！

牛刀小试

回想最近一次谈判，列出涌现的所有“问题”——所有的，包括你一开始认为不是问题的问题。现在，检查一下，有哪些是你自身态度和行为造成的。我相信你肯定能找出一些。

你的包袱

我敢说，你从来不会做一份带有包袱的议程。也就是说，你从来不希望你人生经验和阅历的积累会影响到谈判。可是，我们所有人都是背着包袱前进的，因此一定要警惕。崭新的包袱随时都会出现！想想，有多少谈判是被性别、年龄、外貌、财务状况、经验、资历以及其他因素干扰并破坏的？不计其数，甚至是绝大多数。当心头压着包袱，表面装作平静时，有几个谈判者能真正做到畅所欲言？包袱带来的糟糕情绪该如何摆脱？很难摆脱。带着包袱你又如何能作出正确清晰的决定？因此，你必须处理好影响谈判的包袱，并把它们写进议程。

“包袱”跟“问题”之间区别很小，而且不明显。犹疑不定时，稳妥的做法是把所有的包袱及问题都早早摆到议程上。被卸下的包袱就不再是问题，否则就会成为大难题。

你的包袱是指你自身的问题或者成见，它们会影响你的情绪从而破坏决策。假如说贵公司最近由于服务恶劣，在业内或区域内背负骂名。这是个沉重的包袱，需在会议一开始就卸掉。你在会议开始坦白自己的包袱，立即有双重受益：一、对方会很吃惊，看到你没有掩藏事实；二、若不主动坦白，这个包袱会让你整场谈判都处于防御状态，一个劲地妥协。所以，把恶名声摆出来吧，再宣布你们已解决了服务问题（我希望如此）。

其他可能的包袱是：

◆ 他们曾经搞小把戏，以旧代新给我们，我对他们印象极差。

◆ 我确信，约翰尼的老师认为他是班里的害群之马。

◆ 他们卖给我比卖给阿珂姆公司贵了30%，我很愤怒！

◆ 原先的团队不喜欢从女人手中接单子，现在换了团队，但我作为女人，还是很担心旧事重演。

◆ 他们故意说谎，害得我们丢了其他单子，我记得很清楚。

◆ 他们在客户面前说我们坏话，我们必须澄清。

◆ 他们认为我年纪太大，跟不上这个领域日新月异的发展。

对方的包袱

这是你有根据的想象。此时的假想是被允许的，即使你想错了，但过去的经验让你不由自主这么想。毕竟，你的工作就是消除假想，那为什么不把它提出来解决呢？这有些难度，可是，看不清对方的包袱，不在谈判开始之初就卸下它，会更危险。以下是一些典型的包袱：

◆ 他们认为我们公司太小，因此不太可能合作。

◆ 上次订单我们处理得不好，他们认为我们做事就这样，所以，一有机会他们就会取消此次订购。

◆ 显然他们一直不想按发票价格付款，这次他们肯定也会讨价还价。

◆ 我听说，他们很难缠，会想方设法砍价。

◆ 他们很怀疑为什么我们的三次报价都比竞争对手低一点点。

◆ 他们的设计团队不喜欢我们。一直不喜欢，不知道为什么。所以，我们怎么能深入他们公司发挥作用呢？

◆ 房主怀疑我的所有工作，认为我想方设法地偷工减料。我不知道他为什么这样想，这让我们关系很紧张。

我培训的新学员乔治，他跟其他学员一样，禁不住猜测对手正在想什么，做什么，将要做什么和会想什么。他和团队正与人谈判，已降了两次价，正准备再打折。这时，我参与了。我问乔治：“到底是什么问题拖住了谈判？”他回答：“我觉得，是他们不好意思向我们说‘不’，于是去找其他供应商了。我认为他们的文化就是这样。他们的文化里没有‘不’这个词。所以，他们没跟我们说‘不’，只是转过身，不予答复，再去找别家。现在，我们出局了。”

回头看看乔治的包袱。看看他那些假想起了什么作用。对方竟然会先是不敢向我们说“不”，到最后把我们踢出局？如果任由假想膨胀，将会怎么样？乔治会一退再退！

卸下对方的包袱不会招致怨恨。他们又不是傻子，知道你的立场，会尊重你的询问。你提出来后，可能当场就会毁掉交易。假如你是个新手，而对方正好瞧不起很嫩的新人，若他起身离去，你会有何损失呢？你什么损失也没有。如果他没有离去，你就会因为直率、能干而赢得敬意，这在很大程度上弥补了你的经验不足，同时，也为你的谈判铺平了道路。

包袱让人不堪重负。要么甩掉，要么被它压死。

你想要什么

经常，人们谈判时并不清楚自己想要什么。议程可以帮你，因为每次会面、每个电话、每封邮件的“议程”都必须包含一项：想要什么。它要求你清晰地思考整个谈判，包括目前的情况，下一步如何推进等。如果不明白谈判每一步想要什么，就没法写进议程。没法写进议程，就没法得到想要的，就会任由对方摆布。你会饱尝攻击，甚至如堕雾中。所以，若你想最大限度地掌控谈判（谁不想呢），就得把想要什么写进每份议程里。

你最想从对方那得到什么呢？是对方的决定。打电话预约，你是想定下见面的时间、地点。见面了，你又想知道能否递上提案。这些，都需要对方作出决定。有决定就是好事，即便它是“不”字。有决定才能有进展，而不是围绕着大堆的“可能”、“或许”、“也许”徘徊。因此，谈判中，你要考虑对方如何决定，才能满足你的“想要”。你想让对方直接接受或者拒绝，让他们作出决定，以推进谈判。看看以下案例：

你想要什么	所需决定
开会讨论我们的最新方案	让对方接受或拒绝讨论我们的最新方案
白蚁检查报告	让对方要么拒绝，要么提交白蚁检查报告
老师看到你已竭尽全力帮助约翰尼学习	老师认不认同你已经竭尽全力帮助约翰尼提高学习成绩

知道“想要什么”以及想让对方如何决定，纸上谈兵很容易，实际却很难。若你不清楚想要什么，就很容易出现如下情况：

“约翰，我有一个创意，能迅速帮你改善经营。”

“好的，比尔。说来听听。”

“没问题。我跟你仔细讲讲。”

10分钟后……

“真的很不错，比尔。我们研究一两周，你再来找我。”

“好的，约翰。我过两周再跟你谈。”

在这场谈判中，比尔想要什么呢？光凭对话，无从得知。结果又如何呢？遗憾的是，我们看到可怜的比尔掏出一切，现在只能任凭约翰处置了。事实上，他还为自己带来了风险——约翰可以把创意交给第三方，甚至说是自己的想法。届时，他真是既遭侮辱，又蒙受损失。

比尔在谈判中如何做，才能让自己胜券在握？首先，他要问自己：“我想从谈判初期得到什么？”他首先应该想到要保护自己的创意。下面的办法更管用：

“约翰，如果我有个创意，能在未来五年大大改善贵公司的经营，那么，由谁来决定采不采纳？”

“比尔，全部是我决定。”

“当然是你啦。不过，谁会给你财务方面的建议？”

“比尔，全是我自己定，不过我会让律师和会计先看看。”

“明白了。还有谁会参与进来？”

“没别人了，就我们3个。”

“约翰，我有一份创意的书面文案，想给你看看。如果你喜欢，我们能不能跟律师和会计一起过目？当然，如果你不喜欢，就当没这事。好吗？”

“没问题。”

“好的，约翰。我们说好如果你喜欢，就一起去见律师和会计。方便的话请你先签署这份保密协议，以保护我的创意。别人若不付钱，就不能剽窃并使用它。约翰，你愿意保护它吗？”

“当然。一点问题也没有。你付出了努力，就应该得到报酬。”

“你肯定吗，约翰？”

“当然。你看，我给你签上名。”

问自己几个问题，搞清楚会面有何目的，便让比尔增加了自身掌控力并与约翰敲定了议程。当然，并非一定要成交。前方依旧险阻重重，可毕竟出发点是对的，方向也对头。

若一开始就知道自己想要什么，你就不会做出无谓的妥协，也不会饱尝苦果了。

谈判中，最该写进议程却最常被忽略的问题是“我想要什么”。

如果你不明确在谈判某一点上想要什么，那策略肯定出了问题。你有使命和目标吗？你调查了吗？你知道如何引导对方的想法吗？你情绪可控吗？你的包袱卸下了吗？不见得。或者是你在追求结果，急于成交，以至于无法冷静下来仔细思考，并逐步小心推进。

如果你不知道自己想要什么，肯定会有问题。连想要什么都不知道，又如何谈好这轮甚至是整场谈判？又如何推进谈判？你是在浪费自己和他人的时间。

知道想要什么会让你在议程中从容自若。谈判中，你可能破绽百出，但只要清楚想要什么，写进议程里，你就有胜利的机会。

牛刀小试

坐下来，想想你常遇到的“典型”谈判，列出每阶段“想要”的东西。最后，你可能很吃惊：单子居然那么长！

拿起你列好的单子，阐释每一条想要的东西，把它变成提问，引导对方作出决定。通过“想要”与“决定”的对应，你就进入了对方的世界，这正是说“不”策略所要求的。

下一步怎么办

议程中最后一项是“下一步怎么办”。有多少次，你跟人谈判，对方口里的“再打给我”是真心实意的？当你真打电话过去，他们是不是忙得不可开交不能交谈？又有多少次，你中了“我过几星期再跟你谈”的缓兵之计，结果竹篮打水一场空？开会或打电话结束时，你容易迷失在情感中，结果理不清头绪。你必须迅速学会探讨“下一步怎么办”，这样做会止住臆测，直接跳入下一个议程。

你必须明确这点：有助于实现谈判目标，会产生结果的议程，是跟对方商讨过的议程。

> 乔，我不知道这信息对你有没有用。如果没有，请直接告诉我，我就此打住，好吗？好的，那就这样定。如果这信息不管用，就当我没提过；如果管用，我们就讨论下一步怎么办，好吗？

有了这份商定的议程，乔就不会觉得受蒙蔽或被迫成交。你给了他说“不”的机会，你用“3+”法则强调观点，你的情绪可控，这是有效的议程。你在谈判中谈得越好，对方就越放松，越愿向你敞开心扉。他们会欣赏你的能力，欢迎你的努力。

议程探究

下面我们来探究几个有代表性的议程，以便你更好地掌握确定议程的方法。

议程 1

朱迪上高一，她的数学成绩一直不错，但学代数后，她整整一周头晕，害怕学不好。每天早晨，她都不愿去上学。琼斯老师告诉她，只需再努力些就能学会。朱迪便在家中发奋学习。放学后，她也留在学校开小灶，可遇到困难时总找不到琼斯老师。她告诉了父母，父母很焦虑，想给朱迪换数学老师。他们要求立即见校长，很快得到了同意。下面，是从家长角度拟的一份议程：

问题：朱迪学代数得不到老师指导。

我们的包袱：怕她学不好，以致影响上大学。

对方的包袱：琼斯老师到底是太忙了，还是不关心。

我们想要的：大家明确是否同意聘用一位新老师来帮助朱蒂。

下一步怎么办：如果同意了，朱迪马上换老师；否则，就得安排跟琼斯老师见面。

议程 2

贾森是一名小企业主，手下有一支非常出色的设计队伍。设计骨干凯茜近期打算离开，贾森想挽留她。她在团队里举足轻重，对项目的成功很关键。下面，是贾森的议程：

问题：我不明白凯茜为什么要离开。

我的包袱：我全力以赴帮凯茜干好工作，可这样做不对。显然，她对我的好意并不领情。

她的包袱：我不知道。

我想要的：想听听凯茜是否愿意说明离职原因。

下一步怎么办：看看如何能让她留下来。

议程 3

马克应聘一份十分向往的工作。过去 3 年中，他勤学苦练并参加各种培训，就为了使自己能够胜任工作。面对 30 多位竞争对手，马克的议程是：

问题：我不知道公司及领导层面临何种挑战。

我的包袱：我很渴求这份工作。我觉得过去三年的努力都是为了今天。我得止住渴求。

对方的包袱：不清楚。

我想要的：听他们谈谈面临的挑战。

下一步怎么办：争取复试，深入沟通。

3分钟小贴士

打这个电话，开这场会时，你有议程吗？

这份议程跟对方确认过吗？

这份议程包括“你想要什么”和“下一步怎么办”吗？

这份议程带有问题和包袱吗？

NO!

第 11 章

做好谈判预算

时间、精力、金钱、情感投入

为什么久经沙场的谈判老手会突然宣布终止谈判?

在谈判的关键时期，老板把整场谈判搞砸了，杰罗姆是怎样扭转局势?

为什么美国 FBI 花了 1 亿多美元，没换来一个管用的软件?

Budgeting Beyond Dollars and Cents

在说“不”策略里，投入的不仅仅是一般的金钱开支，因为真正的成本远非金钱可计。钱是一个因素，可还必须考虑到时间、精力和情感等，它们跟钱一起，统统被囊括进综合预算内。有了这份预算，就更能控制谈判，作出正确决定。

金钱、时间、精力、情感等因素交织在一起，牵一发而动全身。在谈判中，“时间就是金钱”，时间还牵制情感，投入时间越多，作决定的心理和情感压力就越大。钱花得越多，情感上越难以割舍。简言之，任何一项超额，其他的就容易跟着超额。所以，在所有谈判中，就怕你投入失控。一项失控（如时间），其他失控就接踵而至。然后会怎么样呢？很可能，你会失去使命和目标，开始追逐不可控的结果，做不到“白板”心态，弄不清议程，也没耐心去引导想法。渴求猛扑上来攫住你，指挥你这样想：“嗯，我已投入了这么多，我得抓住结果。”

这是典型的逻辑，必然导致错误决定和糟糕交易。可是，如果你清楚并跟踪自己的预算，这种事就永远不会发生。四种因素如此致命，但作为整体却常被忽略，做预算可以看清它们，否则谈判就会被毁掉。

显然，时间、精力和情感的支出没法像金钱那样用数字衡量。你也没法像花钱那样消费它们。那么，你怎么知道在谈判中何时预算超支呢？这要由你根据经验、使命和目标来判定。为了帮你作出判断，我发明了一条简易公式，列出每项因素在总预算中的相对重要性。谈判进行时，你可以控制每项支出，监督总体消耗，并根据情况做出正确决策。

公式如下：时间 =1，精力 =2，金钱 =3，情感 =4；此处的数字代表的是各项的相对重要性。时间很重要，可精力更重要，精力又没金钱重要，金钱又没情感重要。另外，你没法监控每个数字，因为它是相对的，实际上不存在。你监控的是相对关系。

假如说，你答应见一位潜在供应商。你用 30 分钟看他们的配件，并提出问题。你投入了一些时间和精力，但都不太多。精力也没多少，没有投入金钱更没情感投资，亦无渴求。你跟现在的配件供应商合作很愉快，见不见潜在的供应商也无所谓。这就是你的感觉。因此，你的总投入是：1（时间）×2（精力）= 2。就这样，如果你对他们的配件感兴趣或觉得价格上比较合理，也许会再次见面。

是的，你又跟他们见了面。这次，你觉得他们的配件质量很好，价格还不清楚，但会有竞争力。你决定跟进，再见面，去外地参观他们的工厂。现在，你又投入了时间和精力，并导致实际金钱的支出，如这趟差旅费。此时，投入是：1（时间）×2（精力）×3（金钱）= 6。增加金钱一项，谈判成本就从 2 变为 6。再强调一遍：这并非讨论数字，而是评价谈判的整体支出。

现在，假如你认为这配件比你想象好，事情便发生了转折。你一开始并不觉得它好，但现在认同它很好（对方很善于引导你的想法）。因为配件好，所以有可能更贵。虽然都没确定，但大有可能。当然，不买这配件也没关系，但是你想买。事实上，你已产生渴求，变得有些激动，甚至害怕采购不成。简而言之，你已在谈判中投入感情，它在预算中的比重是 4。之前的总投入是 6，乘以 4，就是 24。数字一下子弹高！我制定这个公式是有原因的，当情感渗进时，要当心啊！总体投入会膨胀的。你不会因此退缩，一点儿也不会，但要更加小心。你在谈论价格和数量时，你要引导他们，使其知道这大单的好处。你不要迫不及待，不要一口答应对方的要价。总之，你要恪守自己的原则，时时监控自身的预算。

善用预算

监控自身预算时，其实你同时也在监控对方的支出。

你的预算越低越好，对方的支出越高越好。

扩大对方的支出是要花招吗？不是。这是抓住他们注意力，让他们看清问题的绝妙方式。有些谈判者磨磨蹭蹭，敷衍塞责，或者漫不经心。这些人需要你推一把才愿作出重要决定。你可以选择消耗他们的支出，让他们立刻紧张起来。

说实在的，如何扩大对方开支，控制自己的预算呢？有些手法很简单。如，不随意答应对方的约会，你就能省下时间。当对方要求你多做准备、多做调查、多做汇报时，只需说“不”。监控着自己的预算，你就知道何时不该“消费”。

根据自己的日程来做事，你就能节省自己的时间。根据自己的安排回电，不留冗长的留言，这样，他们就得打电话过来。如果别人要求你发邮件，可以，但要看你的时间。我的学员喜欢听别人说：“好的，我们就这样敲定吧！”这可能是由于对方“花了”太多的时间和精力，突然间把问题看得很明朗，最终作出有效的决定。

还记得美国西南部的空调公司跟中东移动电话公司的谈判吗？为了争取超低价和技术专用权，中东一方玩遍了所有的花招。他们定下“最后期限”，不按约定打电话；他们要求对美国空调公司一再地调查；他们三番四次地改变技术要求；他们不透露真正的决策者是谁；他们一次次地违背承诺……很显然，这些做法都是为了扩大美国空调公司的支出，激起其渴求，令其让步。

你需要恪守使命和目标，你才能掌握好你的支出。掌控时间需要自律、耐心，并始终花在刀刃（朝使命和目标奋进）上。这些做好了，“时间不够用”的问题就迎刃而解。**一小时的谈判可能是浪费时间，一年的谈判也可能是充分利用时间。花费时间并不等于利用时间。**

个人生活中，每天都需要做时间与精力消耗的预算决定。下次，当有人问你：“我可以占用你几分钟时间吗？”你同意了。很好，这是基本的礼貌。然而，你随意浪费的这些时间收获什么价值了吗？没有。你甚至不知道要谈什么。你只是扮好人，可是，当白天这种无谓的、消耗时间的事儿一再发生（如大家都要回邮件，我便是），到晚上，把时间加起来算算你就会大吃一惊。作为谈判者，你必需仔细掂量所花时间的价值。

精力总伴着时间溜走，所以，无谓地花费时间就是无谓地消耗精力。卓越的谈判者总需保持充沛的精力，这需要你自律，奉行说“不”谈判策略，检查自己的渴求，忘记不可控的结果，专注可控的行为和做法，写好议程等。最终，这会为你节省很多精力。

过度挥霍时间和精力会有什么后果呢？你精疲力竭完全垮掉。也就是说，你完全处于招架状态。在谈判中，体力强壮、精力充沛的谈判者占据绝对优势，这点毋庸置疑。了解你的耐力，保存你的精力。开会久了就休息一下，不要24小时激烈交锋，对于马拉松谈判甚至要求休整一星期，极度疲劳时你不可能作出好决定。

监控预算是掌控谈判的重要途径。若预算超支，你只能怪自己。

有些人一针见血：“嘴上说不是钱的问题，其实都是为了钱。”是的，你花的差旅费是为了谈判。可若你和对方达成交易，就会换来更多的钱，谈判的价值也在于此。记住：相比较而言，时间=1，精力=2，金钱=3。钱会把2份谈判的支出一下了变成6份。如果你资金短缺，而对方资金雄厚，那就要当心喽！

从专业角度讲，打官司并非谈判，它遵照法律条文的规定执行。可是，大公司仗着财大气粗，和小公司把官司打得旷日持久，逼得对方打不起。这并不公平，可钱说了算。在谈判中，钱也很有分量。不管你是律师还是其他服务商，都得了解大公司是怎么跟小公司和个人执业者打交道的。你是否想知道，对方是出了名的喜欢扩大别人开支的人？他们要求会议开遍全国，甚至是跑到国外去开会？让小供应商扩大支出亦是跨国公司采购部门的惯用伎俩，他们从不缺钱花。“钱紧”的一方压力巨大，被迫退让。

要想稳住阵脚，必须切切实实地坚守使命和目标，可即使如此，你的钱包还是容易被早早掏空。了解自己能花多少，把对方的腰包也揣摩揣摩。如果你没有足够的资金来支持“谈判持久战”，那么，无论谈什么，无论出于何种目的和意图，你都在尚未开始时就已失败。真正展开这场遭遇厄运的谈判，你不仅会浪费金钱，还有时间、精力和情感。所以，干脆别开始，从别处寻找交易，现在就说“不”。

时间、精力、金钱，再加入情感因素时，开支数字便一飞冲天！1（时间）×2（精力）×3（金钱）×4（情感）= 24！胜利之喜和失败之痛暗藏在谈判的角落，随时准备出来毁灭你或者对方。我们经常看到久经沙场的公司谈判老手故意用许诺、威胁、无礼要求、最后期限甚至突然宣布终止谈判，来激起对方的渴求，扩大其情感投入。

这是一场残酷的游戏，你必须控制住渴求，不过于乐观也不过于悲欢，不怕这怕那，不自我膨胀；你好好回应，作出正确决定。说句实话，这需要自律，绝对的自律，但这正是你能做到的。看透大公司谈判对手的伎俩后，你就该努力做到上述各点。你可以善用自己的策略，激起对手的渴求，使其扩大投入。

案例直击

几年前，我最好的学生杰罗姆代表博尼塔有限公司进行它有史以来最大的谈判。根据博尼塔的标准，这是一场漫长、艰难、昂贵的谈判。（当时，博尼塔公司的最大订单才 120 万美元，而这笔，可能是 900 多万美元。）对方是兰斯洛特集团，规模相对博尼塔公司大得多。

博尼塔公司的上层基于合作前景，给的预算很充足。他们愿意投入——不只是金钱。杰罗姆全神贯注、废寝忘食地确立使命、任务和目标，做调查等。

他很努力，彻夜难眠，投入的时间和精力也非常多。在某些谈判要点上，还用金钱助阵。周复一周、月复一月，公司在谈判上的投入像个无底洞。很快，老板将全部希望寄托在杰罗姆身上："我们就指望你了，你是顶梁柱，是公司的大恩人，只有你才能搞定这场谈判。"于是，情感因素也加进来。

杰罗姆投入越多，问题也越多。同事们开始从中作梗。他们说真想让杰罗姆赢，但也怕他赢——他赢了会威胁自身，或至少需向他看齐。杰罗姆需要他们的支持，他们也信誓旦旦地说一定会，但实际上相当于帮倒忙。吃一堑，长一智。杰罗姆现在不敢请求帮助了，他开始孤军奋战。跟兰斯洛特集团不同谈判团队的会面安排得紧锣密鼓，他同时要安排许多议程。他已投入那么多精力，必须干得更好，实际上他做得也不错。兰斯洛特方要求必须做介绍，杰罗姆就做了十几场实实在在的介绍，给对方不同的人听，每次他都能一一化解对方的异议。他感觉胜利在望，并准备去做最后一场介绍。（他希望这是最后一场，但只是"希望"而已，所以他必须坚决搁置自己对成交的渴求。）

就在这时，老板对杰罗姆说："真为你感到骄傲，可我打算接手谈判。"大人物挤进来，杰罗姆被踢开了。真不可思议，但他能怎么办呢？他感觉解脱了吗？（毕竟，他不管这事了。他已做了分内之事，而且做得超出老板的预期。）没有。他是个喜欢做事的人。他失望至极，也感到愤怒。他游刃有余于整个复杂的谈判中，现在，突然被老板（没有多少经验的人）踢开了。谈判眼看要破裂了。

不出所料，老板的介绍让人觉得滑稽可笑，并以失败告终。他不知道杰罗姆的那套策略，也没看杰罗姆给他的一份简要资料。他的"特色"和"益处"介绍缺乏针对性，引不起兰斯洛特集团的兴趣，也没法强化杰罗姆花费数月建立的愿景。他一个劲地讲博尼塔这边怎么样怎么样，对方对此一点兴趣也没有。

次日，对方打电话给杰罗姆的老板，宣布兰斯洛特公司对博尼塔的产品没兴趣，谈判就此结束。

现在，处在杰罗姆的位置，该怎么办？多数人会接受这一事实，说老板坏话，然后另谋高就（这样做可以理解）。可杰罗姆是怎么做的呢？他把兰斯洛特方这次的“不”字看做跟以前的一样：只不过是个决定，还可以改变嘛！他追着去谈。他控制情感，执行自己的那套策略。对方可能很讨厌老板，这是自然的，但交易并没“死”啊。自己是投入了大量时间、精力和金钱，但还没超出预算。另外，他知道，对方的投入迄今也累积很多了。他深知他们的问题，处处引导他们的愿景。他知道，对方越想解决问题，越需要投入，对方亦有恢复谈判的意思。于是，他打电话，写信，修复关系，很快，交易达成。

如果你监控自己的投入，留心和扩大对方的支出，坚守使命和目标，那么，即使有一个无知胡来的老板，也没关系。

这里还有一个极端的案例。为了给执行任务的特工配备最先进的计算机设备，2000 年美国 FBI 同科学应用国际公司（SAIC）签订合同，开发复杂的虚拟案例系统 (Virtual Case File)。很快，问题出来了。资金源源不断地投入，一次又一次，但联邦调查局全部买单。为什么？他们的投入——时间、精力、金钱、情感——越大，就越不愿放弃，越想弄点结果出来。最终，联邦调查局花了 1 亿多美元，没换来一个管用的软件，一个也没有。在短暂的软件开发史上，这是影响最恶劣的失败。不要责怪对方，当预算失控时，小心自己！失控的预算、错误的决定、偏离主题的使命和目标让联邦调查局一败涂地。

3分钟小贴士

你有没有仔细考虑过自己的时间、精力、金钱、情感投入预算？或者你正在抢时间，多花钱，挥霍情感？

你知道对方的预算吗？努力扩大他们的支出。

第12章

完美的谈判准备

占据绝对优势

公司在大力削减支出，克莱姆如何达到提薪目的？

泰格·伍兹为什么要改变自己的挥杆姿势？

如何综合运用说“不”策略的所有原则呢？答案是：依靠“检查单”和“日志”。将这两项工具运用到位，你会步步为营，胜券在握，以最小的风险取得最大的成功。另外，它们还可以帮你评判工作，找出需弥补的弱点和需强化的优点。

参加任何谈判，打任何重要电话和写任何重要邮件前，你都要准备检查单。之后，你在日志上记下所有重要的信息，凭借日志，你再去准备下一轮交涉的检查单。

检查单的基本项目：

◆ 使命和目标。
◆ 具体议程。
◆ 行为目标。
◆ 活动目标。
◆ 关键调查。

日志的基本项目：

◆ 对方的问题。
◆ 对方的预算（时间、精力、金钱、情感投入）。

◆ 对方的决策者。

◆ 谈判概要。

会前的检查单可以帮你确定谈判框架，从而引导对方的想法；会后的日志可以帮你收集大家的想法，记录事实，逐条分析，明确如何更好地引导愿景，并推进谈判进展。

巧用“检查单”和“日志”

使用检查单和日志可以帮你快速学会运用本书传授的谈判策略。相信我，一旦你正确使用检查单和日志，你会明白它们会是你终生受益的宝贵工具。

我建议你慢慢地培养这项技能，并形成习惯。在第一次“试验性”会议之前，坐下来，准备你的检查单。当然，在此之前，你必须仔细考虑检查单的基本项目。首先便是使命和目标，再有就是恪守一两个行为目标，如进行自由式提问，允许对方说“不”等。另外，还要准备你的议程，做必要的调查，这样便不会脱离正轨。

会上，请把议程和行为目标悄悄写在便签簿上，置于面前，妥善运用。会议结束，握手道别后，马上记日志。这会让你知道会上的情形及谈判该如何开展。

会前准备检查单，会后记日志。同一谈判的第二轮会议前，你准备第二份检查单，把上次日志的信息纳入考虑。第二次会议再记日志，从而准备第三次会议的检查单。就这样，一轮会议接着一轮会议（也许是一个电话接着一个电话，一封邮件接着一封邮件），直至谈判结束。当你熟悉并接受这些工具时，你就可以在谈判中用上整套说“不”策略，发挥说“不”的神力。

下面，是两份检查单和日志，事关一次内部加薪谈判。克莱德·琼斯跟富源有限公司的创始人汤姆·诺顿和亚历山德拉·史密斯谈，希望能加薪。两人在创业前，在一家大软件公司里做得很成功。他们的新公司刚渡过目前的行业难关，规模也从几个人成长为30来人。公司的收入在增加，但初始投入也巨大。公司内部一点也不“官僚”（譬如说，连处理薪酬问题的人事部都没设），员工可同上层直接沟通，公司常用“创业伙伴”这个词。克莱德在商业拓展和产品检测方面有多年经验。他的薪水是4万美元，考虑到当地的生活水平和工作强度，这薪水一点也不算高。可是传言公司要上市，所以即便现在薪水很低，但只要上市成功，员工就可跟着富裕起来。

检查单1

使命和目标（此次谈判）

向汤姆·诺顿提供最出色的商业拓展团队，为公司开拓出美好未来。

具体议程

问题（阻碍谈判的所有因素）

我不知道汤姆对薪酬的想法和他对我们在公司的未来有何规划。

你的包袱（发生在过去，会影响谈判的事情）

无

对方的包袱（你对公司立场、观点和预期的揣测）

在公司股票初次公开发行之前，许多公司都会压缩开支，尤其是薪水支出。

你想要什么（一般来说，是对你建议或方案的接受或拒绝）

知道汤姆对将来的想法，以及领导层如何看待加薪和发奖金问题。

下一步怎么办（讨论后续举措）

跟汤姆再次单独见面，听取他的想法和决定。

行为目标（说什么，如何说）

上来可以这样说：我想跟你谈谈薪水及我们的未来。我以前没跟你谈过薪水和奖金的事，也不知道你对将来怎么看。你觉得我们正朝哪个方向发展？如何去实现目标？有什么最佳办法吗？

公司何时会有大发展？谁会跟你一起作决定？

活动目标

如何利用时间，做幻灯演示，准备检查单，使用“3+”法则，做好笔记。

关键调查

跟猎头公司联系，看招聘广告，弄清自身市场价值。

日志 1

对方的问题（会上所有阻碍谈判的因素）

他想创建一番事业。

他喜欢乐意共同创业的人。

他觉得员工要是替代性强，就会不努力，缺乏创造性。因此，他称员工为“创业伙伴”。

他想让坚持下来的人成为百万富翁。

为了上市，他必需压缩成本。

亚历山德拉具体负责上市事宜，她可能会有些想法。

他会跟亚历山德拉谈谈，然后再回复我。

现在，我得敲定“下一步怎么办”。

“下星期三上午 10 时，我们再见面谈，好吗？”

“下星期三？（使用‘3+’法则）好的，下星期三没问题。说好了，下星期三上午 10 时。”

对方的预算

时间

汤姆同我谈了30分钟。

精力

同等时间。可是，汤姆会再花精力见亚历山德拉，同她商量这个问题。

金钱

无

情感

汤姆说，他需要分清创业伙伴和雇员的区别，此间流露出一些情感。

对方的决策者（谁来作决定，何时作决定，如何作决定）

汤姆和亚历山德拉共同作出决定。

谈判概要

下星期三我们会再见面谈。汤姆有创建公司的雄心，并喜欢对他忠心耿耿的人。根据得到的信息，亚历山德拉是上市的关键人物，也会在下星期三的会谈中起重要作用。

检查单 2

使命和目标（此次谈判）

让汤姆·诺顿看清我在软件领域的专业能力和经验——我对公司贡献不小。

具体议程

问题

在上市之前，公司必需控制成本。此前，加薪是不可能的。

我能撑到上市以后吗？我愿意冒险赌一把吗？我在家里会承受多大的经济压力？

我不知道汤姆和亚历山德拉如何看待我对公司的价值，以及上市后我的加薪会是多少。

你的包袱

无。

对方的包袱

无。

你想要什么

汤姆和亚历山德拉要么拒绝，要么接受我的加薪和发奖金要求。

下一步怎么办

有待决定。

行为目标（说什么，如何说）

可开门见山地说：

汤姆，亚历山德拉，很感谢你们花时间跟我谈。

我不知道自己有没有做错，可我看到在上市之前，公司很重视成本控制。对此，我有些担忧。

我不知道你们怎么考虑我的薪水。

我们能做什么？

如何解决加薪与控制成本的矛盾？

另外，我查了一下，发现过去两年每年比同行要少拿2万～5万美元。

该如何解决？

你们有什么想法？

活动目标

如何利用时间，做幻灯演示，准备检查单，使用“3+”法则，做好笔记。

关键调查

跟会计谈谈，了解公司的价值。

上网查找全国的工作机会，尤其关注同类职位的薪水。

日志2

问题

汤姆想让我再等半年。

他提出公司上市后满足我的要求。

一旦上市，我的年薪涨 2 万美元，外加 2 万美元的业绩奖金。

汤姆想知道我接不接受。

会给股票吗？汤姆想仔细考虑后跟我谈，过一两个月我们会再见面。在此期间，他会起草好协议。

对方的预算

时间

谈了 30 分钟。

精力

同样时间，另加他跟亚历山德拉的探讨。

金钱

2 万美元的加薪，2 万美元的奖金。

情感

汤姆说自己手脚被束缚住时，情绪激动，他很难过。现在他没法更干练、高效。

对方的决策者

依旧是汤姆和亚历山德拉两人作出决策。

谈判概要

我很高兴汤姆给予加薪和发放奖金，也想知道股票初次公开发行的条款。

在谈判中哪怕只用上说“不”策略的最基本点，也会让你受益良多。若能再用上“检查单”和“日志”,把这套原则整合运用并加以评估，好处就倍增了。我请你试用检查单和日志。虽然在繁忙的现代生活中，着手去做有点儿难。但是一旦你运用检查单和日志，便会有巨大收益!

这套策略很容易理解，但要掌握则需要耐心和多加练习，你不可能不费力就掌握。那完全掌握需要多长时间呢？若不实练，再久也没用。

你需要多久才能在谈判中游刃有余呢？你需要花多少时间才能自然而然地用上检查单、日志和其他所有的原则呢？根据研究，掌握一项复杂技能需要花费至少800个小时，即20周或者说5个月。我的一名新学员只花了几个月便掌握了说“不”策略，很让人惊异。其他人用了更长时间，但最终都熟练掌握了。

这些学会说“不”的人们依旧努力，因为想从“好”做到“更好”。世界头号高尔夫球手泰格·伍兹，十几岁时已经是很出色的高尔夫球手，他仍然两次改变挥杆姿势，因为他相信自己能更出色，他做到了。诺贝尔奖获得者没有天天捧着桂冠欣赏。比尔·盖茨、史蒂夫·乔布斯和沃伦·巴菲特也没停止工作，用数钱来打发时间。他们都在寻找新的挑战。

你可能得用2个月，甚至更长时间，才能自如地运用这套说“不”策略。你每天进步一点点，直到有一天，你会全盘发挥出自己的潜能。

3分钟小贴士

每天早晨，写下当天的行为目标。一天结束，评估你的表现。

多读书。(联系我们，我们会向你们推荐187本好书，它们讲述不同的内容，对你大有裨益。)

参加我们的自我提升课程、高级培训课程等，直至自己也能当教练。

编一份“观察与思考(个人版)”。通过记录自身失败与成功，你可以改变思维，更好地面对谈判。

多用检查单和日志。

结合神经经济学与非理性科学的聪明理财术

投资洗脑赚大钱

〔美〕贾森·茨威格　著
刘寅龙　译
广东经济出版社出版
策　　划：中资海派
定　　价：35.00元

我们非理性，市场也疯狂

为什么金融市场会出现狂热，恐慌与崩盘？

为什么我们总是高价跟进、低价杀出？

分析师不可能预测市场走向，但我们为什么对他们还是顶礼膜拜？

追逐热门股注定是烧钱之路，但我们为什么还是闻风而动？

我们如何变残酷的市场为“自动提款机”？

在本书中，老牌财经专刊作家贾森·茨威格用大量有趣和新奇的案例为我们介绍了神经经济学这门神奇学科，并引领我们更好地理解投资决策到底是如何在我们大脑中形成的。本书以全新的角度和观点对投资进行深邃的剖析，并告诉投资者，如何在理智与情感之间作出合理抉择。

只要回头看看曾经作出的诸多投资决策，每个人都会感慨道：“我怎么这么愚蠢呢？”不过，这正是本书带给我们的最大收获。

跳出投资失策的怪圈，让我们成为聪明的投资者
领先他人掌握市场走向，与获利机会永远同步

《当大脑遇到金钱》是自然科学与投资学的完美结合，通过对人类大脑运作方式的研究，让我们知道人的喜怒哀乐是如何影响自己的投资决策的，只有这样我们才能有效避免重复犯相同的错误，让财富的大门向自己打开。

端宏斌　经济学家、财经作家

《当大脑遇到金钱》妙趣横生，充满了智慧的闪光，它让我们对自己的大脑、思维，当然还有手里的钱有了更深刻的认识。

丹尼尔·卡纳曼　诺贝尔经济学奖得主

认真地品味《当大脑遇到金钱》，它会让你变成一个更理性、更善于思考、更出色的投资者。

比尔·米勒　雷格·梅森资产管理公司董事长

我读过无数本关于投资的书，但从未读过像《当大脑遇到金钱》这样一本让人豁然开朗的杰作。

彼得·L. 伯恩斯坦　畅销书《与天为敌》作者

短信查询正版图书及中奖办法

A．电话查询

1．揭开防伪标签获取密码，用手机或座机拨打4006608315；

2．听到语音提示后，输入标识物上的20位密码；

3．语言提示：你所购买的产品是中资海派商务管理（深圳）有限公司出品的正版图书。

B．手机短信查询方法（移动收费0.2元/次，联通收费0.3元/次）

1．揭开防伪标签，露出标签下20位密码，输入标识物上的20位密码，确认发送；

2．发送至958879(8)08，得到版权信息。

C．互联网查询方法

1．揭开防伪标签，露出标签下20位密码；

2．登录www.Nb315.com；

3．进入“查询服务”“防伪标查询”；

4．输入20位密码，得到版权信息。

中奖者请将20位密码以及中奖人姓名、身份证号码、电话、收件人地址和邮编E-mail至my007@126.com，或传真至0755-25970309。

一等奖：168.00元人民币（现金）；

二等奖：图书一册；

三等奖：本公司图书6折优惠邮购资格。

再次谢谢你惠顾本公司产品。本活动解释权归本公司所有。

读者服务信箱

感谢的话

谢谢你购买本书！顺便提醒你如何使用ihappy书系：

- 全书先看一遍，对全书的内容留下概念 。
- 再看第二遍，用寻宝的方式，选择你关心的章节仔细地阅读，将“法宝”谨记于心。
- 将书中的方法与你现有的工作、生活作比较，再融合你的经验，理出你最适用的方法。
- 新方法的导入使用要有决心，事前做好计划及准备。
- 经常查阅本书，并与你的生活、工作相结合，自然有机会成为一个“成功者”。

<table>
<tr><td rowspan="8">优惠订购</td><td>订阅人</td><td></td><td>部门</td><td></td><td>单位名称</td><td></td></tr>
<tr><td>地址</td><td colspan="5"></td></tr>
<tr><td>电话</td><td colspan="3"></td><td>传真</td><td></td></tr>
<tr><td>电子邮箱</td><td></td><td>公司网址</td><td></td><td>邮编</td><td></td></tr>
<tr><td>订购书目</td><td colspan="5"></td></tr>
<tr><td rowspan="2">付款方式</td><td>邮局汇款</td><td colspan="4">中资海派商务管理（深圳）有限公司
中国深圳银湖路中国脑库A栋四楼　邮编：518029</td></tr>
<tr><td>银行电汇或转账</td><td colspan="4">户　名：中资海派商务管理（深圳）有限公司
开户行：招行深圳科苑支行
账　号：81 5781 4257 1000 1
交行太平洋卡户名：桂林　卡号：6014 2836 3110 4770 8</td></tr>
<tr><td>附注</td><td colspan="5">1. 请将订阅单连同汇款单影印件传真或邮寄，以凭办理。
2. 订阅单请用正楷填写清楚，以便以最快方式送达。
3. 咨询热线：0755-22274972　传　真：0755-22274972
E-mail: szmiss@126.com</td></tr>
</table>

→利用本订购单订购一律享受9折特价优惠。

→团购30本以上8.5折优惠。